财政部规划教材
全国财政职业教育教学指导委员会推荐教材
全国中等职业学校财经类教材

# 涉税会计(第四版)
# 实训与练习

主编　陈双娥



中国财经出版传媒集团
中国财政经济出版社

**图书在版编目（CIP）数据**

涉税会计（第四版）实训与练习/陈双娥主编．—4版．—北京：中国财政经济出版社，2017.3.

财政部规划教材　全国财政职业教育教学指导委员会推荐教材　全国中等职业学校财经类教材

ISBN 978－7－5095－7352－5

Ⅰ．①涉…　Ⅱ．①陈…　Ⅲ．①税收会计－中等专业学校－教材　Ⅳ．①F810.42

中国版本图书馆CIP数据核字(2017)第051011号

责任编辑：王佳欣　　　　责任校对：黄亚青

封面设计：构运设计

中国财政经济出版社 出版

URL：http：//www.cfeph.cn

E－mail：cfeph@cfeph.cn



社址：北京市海淀区阜成路甲28号　邮政编码：100142

营销中心电话：88190406　北京财经书店电话：64033436　84041336

北京中兴印刷有限公司印刷　各地新华书店经销

787×1092毫米　16开　9印张　212 000字

2017年3月第4版　2017年3月北京第1次印刷

定价：22.00元

ISBN 978－7－5095－7352－5

（图书出现印装问题，本社负责调换）

本社质量投诉电话：010－88190744

# 编写说明

本书是财政部规划教材、全国财政职业教育教学指导委员会推荐教材，由财政部教材编审委员会组织编写并审定，作为全国中等职业学校财经类教材使用。

本书是《涉税会计》（第四版）的配套用书，是中等职业学校会计等财经类专业学生的职业能力课程，是根据中职会计专业学生的培养目标和企业单位的报税需要，以教育部颁发的实训大纲和国家最新的税收法规为依据编写的。

《涉税会计（第四版）实训与练习》是为了巩固、应用《涉税会计》（第四版）的理论知识，融理论与实践为一体，对涉税业务进行税额计算、会计核算、纳税申报等业务处理，以达到学以致用的目的。本次修订增加“营改增”的相关内容，便于学生掌握最新相关税法。

通过实训与练习，有利于学生对所学知识的理解、巩固和掌握，有利于学生将理论知识与实际相结合，使学生全面掌握涉税会计各项技能，并运用这些技能熟练地处理各种业务，提高其实际操作能力以及对税收会计政策的理解水平，从而缩短学生毕业后从事实际工作的“适应期”。

**本教材的编写特点：**

1. 理论训练与实践训练并重。本书既重视理论知识的系统化复习，又注重职业能力的练习，打破传统的“理论”与“实训”相分离的习惯，构建“理论实践一体化”的训练模式。

2. 重点突出，针对性强。以中职生今后就业岗位要求的职业能力为导向，模拟工作情境、提出工作任务，合理确定实训内容，做到实用、够用、会用，重在培养学生的职业岗位能力。

3. 围绕职业活动，突出岗位操作技能。以职业活动为实训的依据，重视职业活动的真实性，可极大地提高学生的动手能力，缩短对实际工作岗位的适应期。

4. 以图代文、以表代文，增强教材的形象化。以项目引领、任务驱动的编写思路，按真实工作任务与工作过程设计实训内容，使实训情景形象直观。

用书学校任课老师若需要本实训与练习的答案，请以电子邮件的形式向中国财政经济出版社索取（请注明：学校、全书名、版次），E－mail：caijingjiaocai@163.com。

本书由河北省邯郸市第一财经学校高级讲师陈双娥担任主编，参加本次修订的有：第一、三、四、五、十一章由陈双娥修订，第二、七、九章由河南省三门峡市财经学校焦珍讲师修订，第六、八、十章由河北省大名县财政局王海风会计师修订。

由于编写水平有限，书中疏漏和错误之处，恳请广大读者批评指正。

编　者

2017年1月

# 目录

# 第一章 DIYIZHANG

# 概　述

## 第一节　税收的概念及特征

### 单项选择题

1. 国家征税的依据是（　　）。

A. 财产权力　　B. 政治权力

C. 行政服务收费　　D. 国家信用

2. 国家征税的根本目的是满足（　　）。

A. 政府开支　　B. 公共安全

C. 政府投资　　D. 社会公共需要

### 多项选择题

1. 以下属于社会公共需要的有（　　）。

A. 国防、军队、警察　　B. 道路、港口、码头

C. 教育、科学、卫生　　D. 生态环境保护

2. 税收区别于其他财政收入的特征有（　　）。

A. 合法性　　B. 固定性　　C. 无偿性　　D. 强制性

3. 以下有关税收的叙述，正确的有（　　）。

A. 国家征税的依据是政治权力

B. 从纳税人角度看，税收是享受社会公共产品而向政府支付的价格

C. 税收的固定性是指税法一经确定就不得变更

D. 税收是国家财政收入的主要形式

### 判断题

1. 从政府角度看，税收是政府提供公共产品满足社会公共需要的经济来源，是一种成本补偿。 ( )

2. 税收的无偿性是指，国家征税不需要向纳税人进行返还，也不支付任何报酬。 ( )

3. 税收的固定性是指，国家以税法形式规范国家与纳税人之间的征纳关系，预先规定课税对象和征税数额之间的比例关系，征纳双方不得超越法律而随意改变。 ( )

## 第二节 我国的税制结构

### 单项选择题

1. 资源税类是对因开发和利用自然资源而形成的（ ）发挥调节作用。

A. 销售收入 B. 销售利润 C. 级差收入 D. 销售成本

2. 以下税种只能由海关征收的是（ ）。

A. 增值税 B. 消费税 C. 关税 D. 印花税

3. 增值税属于中央与地方共享税，它的征收机关是（ ）。

A. 国家税务局 B. 地方税务局

C. 财政局 D. 各级政府

### 多项选择题

1. 我国现行税种的征收部门有（ ）。

A. 国家税务机关 B. 地方税务机关

C. 海关 D. 财政部门

2. 我国现行的税种有（ ）。

A. 流转税类 B. 所得税类 C. 资源税类 D. 财产税类

3. 以下税种由国家税务机关负责征收的有（ ）。

A. 增值税 B. 消费税 C. 车船税 D. 关税

4. 以下税种由地方税务机关负责征收的有（　　）。

A. 增值税　　B. 消费税

C. 城市维护建设税　　D. 个人所得税

### 判断题

1. 我国现行税制是以流转税为主体的单一税制体系。（　　）
2. 我国现行税制是以流转税和所得税并重的复合税制体系。（　　）
3. 国家税务局系统实行由国家税务总局垂直领导。（　　）
4. 地方税务系统实行由地方税务总局垂直领导。（　　）
5. 国家税务局只负责征收中央税。（　　）
6. 国家税务局负责征收中央税和中央与地方共享税。（　　）

## 第三节　涉税会计的基本内容

### 单项选择题

1. 以下不属于涉税会计特点的是（　　）。

A. 在税法的制约下操作

B. 相对独立性

C. 和企业日常核算绝对独立

D. 是反映和监督企业履行纳税义务的工具

2. 涉税会计区别于其他专业会计的重要标志和显著特点是（　　）。

A. 在税法的制约下操作

B. 具有相对独立性

C. 和企业日常核算是绝对独立的

D. 是反映和监督企业履行纳税义务的工具

3. 在涉税会计核算中，遇到会计制度和税法不一致时，应按照（　　）的规定进行。

A. 会计制度　　B. 会计准则

C. 税法　　D. 可以自由决定

4. 涉税会计的核算对象是（　　）。

A. 企业的全部经济活动　　B. 企业的资金筹集

C. 企业与纳税有关的经济活动　　D. 企业的资金投入

## 多项选择题

1. 涉税会计的特点主要有（　　）。

A. 在税法的制约下操作

B. 具有相对独立性

C. 是反映和监督企业履行纳税义务的工具

D. 和企业财务会计绝对分离

2. 涉税会计与财务会计的区别主要表现在（　　）。

A. 服务的对象不同　　B. 核算范围不同

C. 核算目的不同　　D. 核算依据不同

3. 以下有关涉税会计的描述正确的有（　　）。

A. 涉税会计和财务会计是完全独立的

B. 涉税会计不需要设置单独的账簿进行核算

C. 涉税会计与财务会计的核算范围是一致的

D. 涉税会计的核算依据主要是税法

4. 涉税会计核算的目的有（　　）。

A. 保证纳税人依法纳税　　B. 对涉税资金运动进行反映监督

C. 在合法范围内进行税收筹划　　D. 尽可能少缴税款

## 判断题

1. 在涉税会计核算中，当会计制度与税法有差异时，应按照税法的规定进行调整。（　　）

2. 涉税会计并不要求企业在财务会计的凭证、账簿、报表之外再设置一套账表，也不需要设置单独的涉税会计机构。（　　）

3. 涉税会计所提供的信息主要服务于国家税务部门和企业的经营管理者，必须严格按照税法及其实施细则的规定运作。（　　）

4. 涉税会计是融税收制度和会计核算于一体的特殊专业会计。（　　）

# 第二章 DIERZHANG

# 增值税及其会计核算

## 第一节 增值税概述

### 单项选择题

1. 增值税是以商品生产流通和提供劳务所产生的（　　）为征税对象的一种流转税。

A. 销售收入额　　B. 购进成本

C. 增值额　　D. 利润额

2. 下列不属于增值税特点的是（　　）。

A. 实行税款抵扣，不重复征税　　B. 税负公平，普遍征收

C. 实行比例税率，简便易行　　D. 属于价外税，计税方法复杂

3. 我国的甲企业委托境内乙公司代理进口 A 国丙公司的设备，并委托境内丁企业办理托运，海关开具的进口增值税专用缴款书上注明的单位是境内乙公司。则该进口设备的增值税的纳税人是（　　）。

A. 甲企业　　B. 乙公司　　C. 丙公司　　D. 丁企业

4. 提供应税服务的纳税人，年应征增值税销售额在（　　）以下，即为小规模纳税人。

A. 50 万元　　B. 80 万元　　C. 100 万元　　D. 500 万元

5. 下列选项，应征收增值税的是（　　）。

A. 有偿提供金融服务

B. 单位员工在上班期间提供的修理修配劳务

C. 境外单位向境内单位出租完全在境外使用的房屋

D. 无偿转让无形资产但用于公益事业

6. 下列选项不属于生活服务的是（　　）。

A. 文化体育服务　　B. 教育医疗服务

C. 餐饮住宿服务　　D. 贷款服务

7. 下列选项中，不属于现代服务的是（　　）。

A. 物流辅助服务　　B. 租赁服务

C. 文化创意服务　　D. 电信服务

8. 下列行为，不是增值税视同销售的是（　　）。

A. 不在同一县（市）实行统一核算的两个机构之间移送货物用于销售

B. 将外购的货物用于集体福利

C. 将自产的货物作为股利分配给股东

D. 向其他企业无偿转让专利权

9. 下列行为，是混合销售行为的是（　　）。

A. 酒店既提供餐饮服务又提供住宿服务

B. 旅行社为旅游者组织安排的交通、游览、住宿、餐饮等服务

C. 婚纱摄影店拍摄婚纱摄影的同时销售相册相框

D. 酒店提供餐饮住宿服务，附设商场销售货物

10. 下列选项中，关于兼营行为纳税处理正确的是（　　）。

A. 按销售货物缴纳增值税

B. 按销售服务缴纳增值税

C. 适用不同税率（征收率）的，分别核算销售额和税额

D. 上述说法都不正确

11. 根据增值税的规定，下列应征收增值税的是（　　）。

A. 委托加工收回的货物作为投资，提供给其他单位

B. 在现场加工的用于建造仓库而制造的预制板

C. 幼儿园的保育教育服务

D. 个人销售自己使用过的物品

12. 下列属于增值税法定免税项目的是（　　）。

A. 浓缩饲料　　B. 学生勤工俭学服务

C. 古旧图书　　D. 展览馆等第一道门票收入

13. 对个人销售应税劳务或应税服务的，起征点规定为月销售额（　　）。

A. 300～500 元　　B. 3 000～5 000 元

C. 5 000～10 000 元　　D. 5 000～20 000 元

14. 一般纳税人提供“营改增”服务的，下列不适用的税率是（　　）。

A. 17%　　B. 13%　　C. 11%　　D. 6%

15. 下列适用税率 17% 的选项是（　　）。

A. 有形动产租赁　　B. 基础电信服务

C. 不动产租赁服务　　D. 转让土地使用权

## 多项选择题

1. 增值税是对单位和个人实现的下列增值额征收的一种税（　　）。
   A. 销售货物　　B. 提供加工、修理修配劳务
   C. 提供应税服务　　D. 进口货物
2. 2016 年 5 月 1 日，全面推开“营改增”试点，新加入“营改增”的行业有（　　）。
   A. 交通运输业　　B. 建筑业　　C. 房地产业　　D. 电信业
3. 划分增值税一般纳税人和小规模纳税人的标准有（　　）。
   A. 业务范围　　B. 经营特点　　C. 规模大小　　D. 会计核算健全性
4. 按照现行规定，下列纳税人可以被认定为一般纳税人（　　）。
   A. 年应税销售额在 50 万元以下，会计核算健全的从事货物生产的纳税人
   B. 年应税销售额在 100 万元以上的从事货物生产的纳税人
   C. 年应税销售额在 80 万元以下，会计核算不健全的从事货物零售的纳税人
   D. 年应税销售额在 80 万元以上的从事货物批发的纳税人
5. 下列纳税人，可以选择按照小规模纳税人纳税的有（　　）。
   A. 年应税销售额超过规定标准的其他个人
   B. 年应税销售额超过规定标准但不经常发生应税行为的单位和个体工商户
   C. 销售非现场消费食品的旅店业及饮食业纳税人
   D. 不经常发生应税行为但兼有提供加工、修理修配劳务的纳税人
6. 下列行为，应视同销售货物及提供应税服务行为的有（　　）。
   A. 将货物交付他人代销
   B. 将自产或者委托加工的货物用于集体福利或者个人消费
   C. 将自产、委托加工或购买的货物无偿赠送给其他单位或个人
   D. 向其他单位或个人无偿提供非公益性质的应税服务
7. 下列行为，是兼营行为的有（　　）。
   A. 建筑公司承建一工程既提供建筑材料又承担建筑安装业务
   B. 医院为患者提供的诊疗服务和药品销售服务
   C. 4S 店既销售汽车，也提供汽车的财产保险服务
   D. 某瓷砖销售店既卖瓷砖，又提供装饰服务
8. 下列选项中，关于混合销售行为纳税处理正确的有（　　）。
   A. 从事货物生产、批发、零售的企业和个体工商户发生的混合销售行为，按销售货物缴纳增值税
   B. 其他单位和个体工商户的混合销售行为，按销售服务缴纳增值税
   C. 纳税人销售货物、加工修理修配劳务、服务、无形资产或不动产适用不同税率（征收率）的，应分别核算其销售额
   D. 上述说法都不正确
9. 纳税人取得的下列收入，属于不征增值税的项目有（　　）。

A. 存款利息　　B. 保险赔付

C. 中央财政补贴　　D. 体育彩票发行收入

10. 下列选项，属于“营改增”试点过渡政策免征增值税的有（　　）。

A. 农业生产者销售的自产农产品

B. 国家助学贷款利息收入

C. 一年期以上人身保险的保费收入

D. 随同软件销售一并收取的安装费、培训费等收入

11. 下列选项，符合增值税小微企业有关政策规定的有（　　）。

A. 实行简易申报的定期定额户，可实行以缴代报

B. 对月销售额不超过2万元的小规模纳税人（非）企业单位免征增值税

C. 小规模纳税人缴纳税费，实行按季申报

D. 达到但未超过起征点的，也免征增值税

12. 一般纳税人销售或者进口下列货物，适用13%税率的有（　　）。

A. 自来水　　B. 食用植物油　　C. 卷烟　　D. 图书

13. 纳税人出口的下列各项货物不适用增值税的零税率规定的有（　　）。

A. 原油　　B. 糖　　C. 天然牛黄　　D. 麝香

14. 下列关于“营改增”适用税率的表述，正确的有（　　）。

A. 交通运输业，税率为7%　　B. 向境外提供研发服务，税率为6%

C. 不动产租赁服务，税率为11%　　D. 电子出版物，税率为13%

15. 下列行为按简易办法计税，适用5%征收率的有（　　）。

A. 销售不动产　　B. 出租不动产　　C. 房地产　　D. 建筑业

## 判断题

1. 增值税属于流转税，是以纳税人商品生产、流通环节的流转额或数量以及非商品交易的营业额为征税对象的一类税收。（　　）

2. 增值税为价内税，实行比例税率，简便易行。（　　）

3. 张武承包了红旗旅社，每年支付8万元的承包费并继续以红旗旅社的名义对外经营，则张武应对其提供的生活服务缴纳增值税。（　　）

4. 扣缴义务人是指法律、行政法规规定负有代扣代缴义务的单位和个人。（　　）

5. 境外单位和个人在境内发生应税行为，在境内未设有经营机构的，以购买方为增值税的扣缴义务人。财政部和国家税务总局另有规定的除外。（　　）

6. 两个或两个以上的纳税人，是不同的纳税主体，不能合并纳税。（　　）

7. 增值税纳税人中的“个人”是指自然人。（　　）

8. 除国家税务总局另有规定外，一经认定登记为一般纳税人，不得再转为小规模纳税人。（　　）

9. 小规模纳税人会计核算健全、能够提供准确税务资料的，可以向主管税务机关申请办理一般纳税人的资格认定。（　　）

10. 自2016年8月1日起，部分地区月销售额超过3万元（或季销售额超过9万元）的住宿业小规模纳税人可以开具住宿服务的专用发票。（　　）

11. 试点纳税人销售货物、提供加工修理修配劳务、应税服务或不动产适用不同税率或征收率的，应当分别核算销售额，未分别核算的，由税务机关核定后适用不同税率或征收率。（　　）

12. 增值税起征点的适用于个人，也包括认定为一般纳税人的个体工商户。（　　）

13. 纳税人兼营减税、免税项目的，应当分别核算其销售额；未分别核算的，不得减税、免税。（　　）

14. 纳税人放弃免税的，12个月内不得再申请免税。（　　）

15. 小规模纳税人的征收率为3%～5%。（　　）

16. 以销售货物为主的企业的混合销售行为，按销售货物征收增值税，而个体户的混合销售行为按应税服务征收增值税。（　　）

17. 小规模纳税人销售自己使用过的桌椅，应按2%的征收率缴纳增值税。（　　）

## 实务题

1. 请根据不同应税行为对应的税率，把表2－1补充完整。

**表2－1**

<table>
<tr><th>纳税人</th><th colspan="2">应税行为</th><th>税率或征收率</th></tr>
<tr><td rowspan="10">一般纳税人</td><td colspan="2">销售货物、进口货物，提供加工、修理修配劳务</td><td></td></tr>
<tr><td colspan="2">（1）粮食、食用植物油、鲜奶<br>（2）自来水、暖气、冷气、热水、煤气、石油液化气、天然气、沼气、居民用煤炭制品、食用盐<br>（3）图书、报纸、杂志<br>（4）饲料、化肥、农药、农机、农膜<br>（5）农产品、二甲醚<br>（6）音像制品，电子出版物<br>（7）国务院规定的其他货物</td><td></td></tr>
<tr><td colspan="2">交通运输、邮政、建筑服务</td><td></td></tr>
<tr><td rowspan="2">电信服务</td><td>基础电信</td><td></td></tr>
<tr><td>增值电信</td><td></td></tr>
<tr><td rowspan="2">租赁服务</td><td>有形动产租赁</td><td></td></tr>
<tr><td>不动产租赁</td><td></td></tr>
<tr><td colspan="2">销售不动产、转让土地使用权</td><td></td></tr>
<tr><td colspan="2">现代服务、生活服务、金融服务，销售无形资产（土地使用权除外）</td><td></td></tr>
<tr><td colspan="2">出口货物和应税服务（国务院另有规定外）</td><td></td></tr>
<tr><td rowspan="2">小规模纳税人</td><td colspan="2">其他</td><td></td></tr>
<tr><td colspan="2">销售、出租不动产，房地产、建筑服务，劳务派遣差额纳税、道路桥闸通讯费</td><td></td></tr>
</table>

# 第二节　增值税的计算

## 单项选择题

1. 下列应记入“应交税费——应交增值税”账户贷方的明细项目是（　　）。

A. 进项税额　　B. 销项税额

C. 已交税金　　D. 转出未交增值税

2. 核算差额征税的试点纳税人本期从销售额中扣减的购进应税服务按适用税率计算的销项税额用的是下列（　　）专栏。

A. 减免税款　　B. 出口退税

C. 出口抵减内销产品应纳税款　　D. “营改增”抵减的销项税额

3. 境外单位或者个人在境内发生应税行为，在境内未设有经营机构的，应纳增值税可采用下列（　　）计税方法。

A. 一般计税法　　B. 简易计税法

C. 扣缴计税法　　D. 差额计税法

4. 下列项目不应并入销售额计算征收增值税的是（　　）。

A. 向购买方收取的销项税额　　B. 应缴纳的消费税税金

C. 包装物租金　　D. 违约金

5. 下列关于特殊销售方式销售额的说法，不正确的是（　　）。

A. 以旧换新方式，应按新货物抵减旧货物的价格确定销售额

B. 以物易物，双方均以各自发出的货物核算销售额和销项税额，已收到的货物核算购货额和进项税额

C. 直销企业先将货物销售给直销员的，其销售额为向直销员收取的全部价款和价外费用

D. 凡企业为销售货物出租、出借包装物而收取的押金，单独记账核算的，不并入销售额

6. 纳税人发生应税行为价格明显偏低或者偏高且不具有合理商业目的的，主管税务机关有权根据①按照组成计税价格确定；②按照其他纳税人最近时期销售同类服务、无形资产或者不动产的平均价格确定；③按照纳税人最近时期销售同类服务、无形资产或者不动产的平均价格确定。这三种价格按下列（　　）顺序确定销售额。

A. ①—②—③　　B. ①—③—②

C. ③—①—②　　D. ③—②—①

7. 一般纳税人跨县（市）提供建筑劳务，适用一般计税方法的，应以取得的全部价款

和价外费用扣除支付分包款后的余额，按照（　）的预征率在建筑服务发生地预缴税款。

A. 2%　　B. 3%　　C. 5%　　D. 7%

8. 一般纳税人自2016年5月1日后取得的不动产或不动产在建工程，其进项税额应自取得之日起分2年从销项税额中抵扣，第一年、第二年抵扣比例分别为（　）。

A. 70%，30%　　B. 60%，40%

C. 50%，50%　　D. 40%，60%

9. 下列进项税额，不准从销项税额中抵扣的是（　）。

A. 一般纳税人自用的应征消费税的摩托车、汽车、游艇所含的进项税额

B. 一般纳税人接受加工修理修配劳务用于增值税应税项目的

C. 简易计税方法购入的货物、劳务、服务或无形资产、不动产

D. 一般纳税人从境外单位或个人购进服务、无形资产或不动产的

10. 确定销项税额的时间按照（　）的有关规定执行。

A. 收入确认时间　　B. 纳税义务发生时间

C. 款项收取时间　　D. 每期期末

11. 自（　）起，对纳税信用A级增值税一般纳税人取消增值税发票认证。

A. 2016年1月1日起　　B. 2016年2月1日起

C. 2016年3月1日起　　D. 2016年5月1日起

12. "营改增"后一般纳税人提供的下列（　）交通运输服务不能选择简易计税方法。

A. 公交客运、长途客运　　B. 地铁、城市轻轨

C. 轮客渡、出租车　　D. 铁路旅客运输

13. 不属于应征消费税的进口货物，其应纳增值税的组成计税价格为（　）。

A. 组成计税价格＝关税完税价格

B. 组成计税价格＝关税完税价格＋关税

C. 组成计税价格＝关税完税价格＋关税＋消费税

D. 组成计税价格＝（关税完税价格＋关税）÷（1－消费税税率）

14. 纳税人出口货物，除国务院另有规定外，一般适用（　）。

A. 17%　　B. 13%　　C. 零税率　　D. 免税

15. 采用一般计税方法的生产企业提供适用增值税零税率的服务或无形资产，适用的退（免）税办法是（　）。

A. 免征增值税办法　　B. 免抵退税办法

C. 免退税办法　　D. 抵退税办法

## 多项选择题

1. "营改增"后一般纳税人应在"应交税费"账户下设置的二级明细账户有（　）。

A. "应交增值税"　　B. "未交增值税"

C. "转出已交增值税"　　D. "转出未交增值税"

2. 下列应记入“应交税费——应交增值税”账户借方的明细项目是（　　）。

A. 转出未交增值税　B. 转出多交增值税

C. “营改增”抵减的销项税额　D. 出口退税

3. 增值税的计税方法包括（　　）。

A. 一般计税法　B. 简易计税法

C. 扣缴计税法　D. 差额计税法

4. 下列项目不应并入销售额计算征收增值税的有（　　）。

A. 向购买方收取的销项税额　B. 应缴纳的消费税税金

C. 收取的押金　D. 违约金

5. 下列关于特殊销售方式销售额的确定，说法正确的有（　　）。

A. 商业折扣的价款和折扣额无论是否在同一张发票上注明，均可抵减折扣额

B. 现金折扣应看成企业的融资费用，不可以从销售额中扣除

C. 还本销售可以扣除还本支出

D. 销售折让只有开具红字专用发票的，才可抵减销售额和销项税额

6. 如果属于应征消费税的货物，下列组成计税价格正确的有（　　）。

A. 组成计税价格 = 成本 + 利润

B. 组成计税价格 = 成本 + 利润 + 消费税

C. 组成计税价格 = 成本 ×（1 + 成本利润率）÷（1 − 消费税税率）

D. 组成计税价格 = 成本 ×（1 + 成本利润率）÷（1 + 消费税税率）

7. 下列“营改增”试点行业中实行差额计税的应税服务有（　　）。

A. 直接收费金融服务　B. 金融商品转让

C. 销售其取得的不动产（不含自建）　D. 旅游服务

8. 下列进项税额，准予从销项税额中抵扣的有（　　）。

A. 从销售方取得的增值税专用发票上注明的增值税额

B. 从海关取得的进口增值税专用缴款书上注明的增值税额

C. 收购自产农产品所开具的收购发票上注明的买价依 13% 扣除率计算的进项税额

D. 税控机动车销售统一发票上注明的增值税额

9. 下列不得从销项税额中抵扣进项税额的有（　　）。

A. 购入的货物、劳务、服务或无形资产、不动产用于免征增值税项目

B. 非正常损失的在产品所耗用的购进货物、加工修理修配劳务和交通运输服务

C. 非正常损失的不动产，以及不动产所耗用的购进货物、设计服务和建筑服务

D. 购进的旅客运输服务、贷款服务、餐饮服务、居民日常服务和娱乐服务

10. 一般纳税人销售取得的不动产（不含自建），须区别以下（　　）情况分别计税。

A. 一般纳税人销售 2016 年 4 月 30 日前取得的不动产（一般计税）

B. 一般纳税人销售 2016 年 4 月 30 日前取得的不动产（简易计税）

C. 一般纳税人销售 2016 年 5 月 1 日后取得的不动产（一般计税）

D. 一般纳税人销售 2016 年 5 月 1 日后取得的不动产（简易计税）

11. 建筑业一般纳税人的下列（　　）应税行为可选择按简易计税方法计税。

A. 以清包工方式提供的建筑服务

B. 为甲供工程提供的建筑服务

C. 为建筑工程老项目提供的建筑服务

D. 跨县（市）提供的建筑服务

12. 一般纳税人自产下列（　　）货物，可选择按简易计税依3%征收率计算缴纳增值税。

A. 装机容量为10万千瓦的发电单位生产的电力

B. 生产建筑用的砂、土、石料

C. 自产的自来水

D. 自产以水泥为原料生产的商品混凝土

13. 下列情形，可以选择按简易计税依3%征收率计算缴纳增值税的有（　　）。

A. 典当业销售死当物品

B. 自己采掘的砂、土、石料或其他矿物连续生产的砖、瓦、石灰

C. 纳税人销售的旧货

D. 属增值税一般纳税人的药品经营企业销售生物制品

14. 下列选项，属于出口企业或其他单位视同出口货物的有（　　）。

A. 出口企业对外援助的出口货物

B. 出口企业经批准的保税港区销售给境外单位或个人的货物

C. 免税品经营企业销售的超出规定经营范围的货物

D. 生产企业向海上石油天然气开采企业销售的资产海洋工程结构物

15. 增值税零税率应税服务退（免）税办法包括（　　）。

A. 免抵税办法　　B. 免抵退税办法

C. 免退税办法　　D. 抵退税办法

## 判断题

1. “应交税费——应交增值税”账户下“进项税额转入”专栏核算原按规定不得抵扣且未抵扣进项税额的固定资产、无形资产、不动产，发生用途改变允许抵扣进项税额的应税项目。（　　）

2. 企业销售货物或提供劳务、服务应收取的销项税额，用蓝字登记；退货、折让等冲减销项税额的，用红字登记。（　　）

3. “应交税费——未交增值税”账户的期末余额，借方反映企业少交的增值税，贷方反映企业多交的增值税。（　　）

4. 一般计税法下，当期销项税额小于当期进项税额不足抵扣时，其不足部分不可以结转下期继续抵扣。（　　）

5. 转让金融商品出现的正负差，按盈亏相抵后的余额为销售额。若相抵后出现负差，可结转下一纳税期；年末出现负差，也可转入下一个会计年度。（　　）

6. 只有买入金融商品再卖出才需征收增值税。（　　）

7. “营改增”试点纳税人提供应税服务实行差额计税的，允许从全部价款和价外费用

中扣除的价款应有有效凭证，凭证的作用是抵减销项税额。（ ）

8. 纳税人按外汇结算销售额的，其销售额的人民币折合率可以选择销售额发生的当天或者当月1日的国家外汇牌价，确定后36个月不得变更。（ ）

9. 融资租入的不动产比照自有固定资产进行管理，其进项税额也应自取得之日起分2年进行抵扣。（ ）

10. 防伪税控专用发票进项税额抵扣的时限为开具增值税专用发票之日起180天内认证抵扣。（ ）

11. 增值税纳税人首次购买税款系统专用设备以及缴纳的技术维护费所含的进项税额可在应纳税额中全额抵减。（ ）

12. 小规模纳税人购进税控收款机所含的增值税，可以抵免当期应纳税额；当期不足抵免的，可结转下期继续抵免。（ ）

13. 一般纳税人出租其2016年5月1日后取得的、与机构所在地不在同一县（市）的不动产，可直接按11%税率向机构所在地主管税务机关进行纳税申报。（ ）

14. 从国内海关特殊监管区域及场所载运旅客或货物至国内其他地区的，也属于增值税零税率应税服务适用范围。（ ）

15. 出口企业对外提供加工修理修配劳务，是指对进境复出口货物或从事国际运输的运输工具进行的加工修理修配。（ ）

## 实务题

1. 华源洗车行为一小规模纳税人，5月份取得各项服务收入10 300元（含税），购置税控收款机一台，取得普通发票注明价款1 854元。请计算该车行5月份应纳增值税额，并做出账务处理。

2. 万达商场为一般纳税人，2月份部分销售业务如下：

（1）15日直接捐赠给实验小学羽绒服一批，账面成本为2 000 000元，同类产品不含税售价为3 000 000元。

（2）当月零售女士皮靴50双，每双零售价351（含税）元。

两种货物适用税率均为17%，请根据上述业务计算销项税额并做出账务处理。

3. 昌盛进出口公司8月进口一批货物（非应税消费品），海关审定的完税价格为700万元，关税为70万元，增值税率为17%，货物已验收入库，货款已支付，请据此计算应纳增值税并做出账务处理。

4. 建安商贸公司2016年3月5日购入电线一批，取得一张增值税专用发票注明价款20万元、增值税款3.4万元，另取得一张运费专用发票注明价款2 000元，增值税220元。

建安商贸公司于5月将原购买的电线用于职工宿舍改建，电线成本5万元，已抵扣增值税0.85万元，应分摊运费500元，运费的进项税额55元。请据此确认不同月份的进项税额情况，并做出账务处理。

5. 虹桥家电7月采用以旧换新方式销售冰山牌电冰箱，每台零售价4 680元，回收的旧冰箱每台300元，以此方式家电商场共销售冰箱15台；另外销售给飞翔公司的空调因部分外观受损不影响使用而约定给对方5%的折让，本月开出红字增值税专用发票，所列价款为5 000元，增值税850元，货款已汇出。请根据这两笔业务做出正确的账务处理。

6. 吉祥公司2016年7月购入一栋办公楼，取得增值税专用发票注明价款5 000万元，增值税550万元，已付3 000万元，剩下的约定一年后支付。请对办公楼进项税额的抵扣情况做出账务处理。

7. 华鑫化工厂2016年8月13日为销售化肥出借包装物收取押金14.69万元，约定三个月内返回；21日没收逾期未退还押金1.13万元；8月26日转让一栋闲置厂房，取得收入525万元，该厂房于2005年自建，现在的账面价值为200万元，该企业选择按简易计税方法计算纳税。请对该厂8月上述业务进行账务处理。

8. 华创科技公司4月为A公司提供一项专利技术，取得转让收入120万元，技术咨询收入30万元；另转让与专利技术配套使用的设备一台并取得技术服务费，开具增值税专用发票，设备金额50万元，适用增值税税率17%，技术服务费15万元，增值税税率6%；购进电脑一批，取得增值税专用发票，金额为100万元，增值税17万元，支付运费1万元，运费发票注明增值税1 100元。请计算该公司4月应纳增值税，并做出账务处理。

9. 海洋房地产公司为增值税一般纳税人，有一试点后开工的项目，曾于2015年5月支付土地价款500万元，2016年9月预收款价税合计1 221万元，已开具增值税专用发票，税率为11%，11月已销售并交付的房屋建筑面积占可供出售建筑面积的33.3%。请计算11月该房产公司的应纳增值税额，并对9月和11月的业务做出账务处理。

10. 青旅旅行社为增值税一般纳税人，2016年7月组织境内旅游取得收入148.4万元，替旅游者支付给其他单位的住宿、门票、餐费等共计84.8万元，均取得相应的增值税专用发票。请计算该旅行社当月应缴纳的增值税并做出账务处理。

11. 世纪星建筑公司为增值税一般纳税人，2016 年 8 月承包 B 市一项建筑劳务，该建筑公司收取工程价款 5 550 万元。另外，该建筑公司购入建筑劳务所需材料、设备共支付不含税价款 2 000 万元，取得增值税专用发票。请计算该建筑公司（该建筑劳务采用一般计税法）当月应缴纳的增值税并做出账务处理。

## 第三节　增值税的会计处理

### 单项选择题

1. 企业购进免税农业产品，按购入农业产品的买价和规定的扣除率计算的进项税额，应借记（　　）账户。

A. “主营业务税金及附加”

B. “应交税费——应交增值税（进项税额）”

C. “销售税金及附加”

D. “应交税费——应交增值税（销项税额）”

2. 企业委托其他单位代销商品支付的代销手续费，在收到受托单位转来的手续费发票后，应借记（　　）账户。

A. “销售费用”　　　　B. “主营业务成本”

C. “财务费用”　　　　D. “主营业务收入”

3. 纳税人取得的不动产或不动产在建工程，其进项税额可自取得之日年份起从销项税额中抵扣，第二年待抵扣的进项税额应记入（　　）账户。

A. “应交税费——应交增值税（进项税额）”

B. “应交税费——待抵扣进项数额”

C. “应交税费——应交增值税（销项税额）”

D. “应交税费——增值税留抵税额”

4. 纳税人接受应税服务，按规定允许扣减销售额而减少的销项税额，应借记（　　）账户。

A. “应交税费——应交增值税（进项税额）”

B. “应交税费——待抵扣进项数额”

C.“应交税费——应交增值税（‘营改增’抵减的销项税额）”

D.“应交税费——应交增值税（已交税金）”

5.《纳税人转让不动产增值税征收管理暂行办法》不适用（　　）企业。

A. 工业制造企业　　B. 批发零售企业

C. 服务企业　　D. 房地产开发企业

6. 个体工商户或其他个人出租住房，按照（　　）的征收率计算应纳增值税额。

A. 1.5%　　B. 2%　　C. 3%　　D. 5%

7. 一般纳税人提供建筑服务预缴增值税的，应记入（　　）账户。

A.“应交税费——应交增值税（进项税额）”

B.“应交税费——应交增值税（已交税金）”

C.“应交税费——应交增值税（销项税额）”

D.“应交税费——应交增值税（‘营改增’抵减的销项税额）”

8. 对“视同销售行为”，税法规定的有关增值税处理是（　　）。

A.“借记应交税费——应交增值税（进项税额）”

B.“借记应交税费——应交增值税（减免税款）”

C.“贷记应交税费——应交增值税（销项税额）”

D.“贷记应交税费——应交增值税（进项税额转出）”

9. 房地产开发企业应在取得预收款的（　　）纳税申报期向主管国税机关预缴税款。

A. 7天　　B. 15天　　C. 当月　　D. 次月

10. 一般纳税人随税控系统专用设备购入而发生的技术维护费，按实际支付的金额抵减增值税应纳税额时，应记入（　　）账户。

A.“应交税费——应交增值税（进项税额）”

B.“应交税费——应交增值税（已交税金）”

C.“应交税费——应交增值税（减免税款）”

D.“应交税费——应交增值税（销项税额）”

## 多项选择题

1. 企业进口货物，按照进口货物应记入采购成本的金额，借记的账户可能有（　　）等。

A.“材料采购”　　B.“在途物资”

C.“原材料”　　D.“库存商品”

2. 企业销售货物或提供应税劳务，按实现的销售收入，贷记的账户可能有（　　）等。

A.“主营业务收入”　　B.“其他业务收入”

C.“应收账款”　　D.“应收票据”

3. 纳税人转让取得的不动产，包含以下（　　）方式。

A. 自行建造　　B. 直接购买　　C. 接受投资　　D. 接受捐赠

4. 一般纳税人出租不动产取得收入，应记入（　　）账户。

A.“银行存款”

B. “应交税费——应交增值税（销项税额）”

C. “其他业务收入”

D. “营业外收入”

5. 纳税人向其他个人出租不动产，（　　）增值税专用发票。

A. 可以自行开具　　B. 可以申请代开

C. 不得开具　　D. 不得申请代开

6. 纳税人提供的下列（　　）应税服务，涉及不动产（服务）所在地与机构所在地不在同一县（市）的，须按一定的计税方法先在不动产（服务）所在地主管国税机关预缴税款，再向机构所在地主管国税机关申报纳税。

A. 转让不动产　　B. 不动产租赁

C. 跨县市提供建筑服务　　D. 房地产开发企业销售自行开发的房地产

7. 甲公司为电器生产企业，共有职工300人，其中250人为直接参加生产人员，30人为车间管理人员，20人为厂部管理人员。2007年2月14日，甲公司以其生产的电咖啡壶作为职工春节福利发放给职工，其成本为每台300元，市场售价为每台500元，甲公司适用的增值税率为17%，下列会计处理不正确的有（　　）。

A. 借：生产成本　　146 250
　　　制造费用　　17 550
　　　管理费用　　11 700
　　贷：应付职工薪酬——非货币性福利　　175 500

B. 借：生产成本　　96 250
　　　制造费用　　11 550
　　　管理费用　　7 700
　　贷：应付职工薪酬　　115 500

C. 借：应付职工薪酬　　115 500
　　贷：库存商品　　90 000
　　　　应交税费——应交增值税（销项税额）　　25 500

D. 借：主营业务成本　　90 000
　　贷：库存商品　　90 000

8. 企业购进固定资产包含的增值税额取得专用发票的，下列说法正确的有（　）。

A. 列入进项税额抵扣　　B. 不得列入进项税额抵扣

C. 记入固定资产价值　　D. 不记入固定资产价值

9. 将库存商品用于职工生活福利、对外投资或捐赠的，贷方应记入（　　）账户。

A. “库存商品”

B. “主营业务收入”

C. “应交税费——应交增值税（销项税额）”

D. “应交税费——应交增值税（进项税额转出）”

10. 建筑公司支付分包款时，不应记入“应交税费——应交增值税”的（　　）专栏。

A. 进项税额　　B. 进项税额转入

C. 进项税额转出　　D. 销项税额

## 判断题

1. 企业逾期未退和不需退回的包装物押金，按规定应缴纳的增值税，借记“其他应付款——包装物押金”等账户，贷记“应交税费——应交增值税（销项税额）”账户。（　　）

2. 企业购进的货物发生非正常损失，其进项税额应相应转入有关账户，借记“待处理财产损益”、“应交税费——应交增值税（进项税额）”等账户，贷记“营业外收入”等账户。（　　）

3. 月份终了，若企业“应交税费——应交增值税”为借方余额，当月可以不交增值税，但还须进行纳税申报。（　　）

4. 小规模纳税人上缴增值税时，借记“应交税费——应交增值税（进项税额）”账户，贷记“银行存款”等账户。（　　）

5. 纳税人出租不动产的所在地与机构所在地在同一县（市、区）的，纳税人向机构所在地主管国税机关申报纳税。（　　）

6. 纳税人应自预缴之月起超过6个月没有预缴税款的，由不动产（服务）所在地主管国税机关按《中华人民共和国税收征收管理法》及相关规定进行处理。（　　）

7. 企业将自产或委托加工收回的货物用于在建工程建设的，应贷记“库存商品”、“应交税费——应交增值税（销项税额）”账户。（　　）

8. 代开专用发票发生退票的，税务机关应按照增值税一般纳税人作废或开具负数专用发票的有关规定进行处理。（　　）

9. 纳税人销售其自建的不动产，实行差额计税，允许扣除自建成本。（　　）

10. 个体工商户和其他个人出租不动产，减按1.5%征收率缴纳税款。（　　）

## 实务题

1. 吉祥公司8月份初次购入增值税税控系统专用设备，取得的专用发票上注明价款2万元，增值税0.34万元，该专用设备企业预计使用3年，预计净残值1 800元；当月还支付了税控系统专用设备技术维护费0.5万元，取得技术维护费专用发票。请对上述业务做出账务处理。

2. 中原市太行区华隆公司为社区企业，生产居民日用品，年销售额不足50万元，被税务机关核定为小规模纳税人，增值税征收率3%。该公司2016年1月份发生下列经济业务：

（1）3日向博远公司购进材料一批，取得的增值税专用发票注明价款5 000元，税款

850 元，发生运费 400 元。款项已通过银行转账付讫，材料已验收入库。

（2）5 日购入增值税防伪税控专用设备一套，取得的增值税专用发票注明价款 17 000 元，税款 2 890 元，发生运费 600 元。款项尚未支付，设备已交付使用。

（3）10 日销售产品一批，含税售价 3 090 元，货款已收存银行。该批商品成本为 1 500 元。

（4）15 日企业接受委托加工甲产品一批，收取加工费 25 750 元。

（5）20 日将一批产品用于职工福利，该批产品成本 40 000 元，市场零售价 61 800 元。

（6）25 日销售给莱纳公司 A 产品一批，取得含税收入 92 700 元，款项存入银行。

（7）28 日因质量问题销售给莱纳公司的 A 产品退回一批，价格 515 元。

（8）28 日购进材料一批，价格为 8 000 元，支付增值税额为 1 360 元，款项已付。假定该企业按实际成本计价。

（9）29 日接受委托加工乙产品一批，收取加工费 21 200 元。

（10）30 日计算并缴纳当月应交增值税。

请根据上述业务编制会计分录。

3. 众旺食品加工厂为增值税一般纳税人，9 月份发生的经济业务如下：

（1）1 日，向市内华为连锁超市中心供应饺子、汤圆等速冻加工食品，价款 500 000 元，在发票上注明 9 折销售，实收价款 45 000 元，增值税 7 650 元，为尽快回笼货款给超市开出了 2/10、1/20、n/30 的现金折扣条件，超市于 8 日前付清了货款。

（2）3 日，从中粮公司购进小麦 10 吨，取得增值税专用发票，注明价款 23 000 元，增值税 2 990 元，另支付运费 2 000 元，取得运输专用发票注明增值税 220 元。

（3）6 日，从当地农民手中收购芝麻 500 斤，收购发票上注明价款 3 000 元，增值税 390 元。

（4）8 日，购入磨面用设备一批，增值税专用发票注明价款 40 000 元，增值税 6 800 元，货款未付。

（5）13 日，中秋节将本厂生产的月饼 100 箱发给职工，已知该月饼的生产成本为 1 000 元/箱。

（6）18 日，处置旧磨面设备（2009 年 1 月 1 日前购进，未抵扣过进项税额）3 000 元。

（7）29 日，因管理不善造成面粉变质损失 5 000 元，该材料已抵扣增值税 850 元。

请对上述业务做出账务处理，并计算该食品厂 9 月份应纳增值税额。

4. 祥龙钢铁厂为增值税一般纳税人，销售的产品适用税率为17%，不交消费税。该厂10月份发生如下业务：

（1）3日，购入原材料一批，增值税专用发票上注明的原材料价款500万元，增值税额为85万元。货款用银行存款支付，材料已验收入库。

（2）7日，销售产品一批，取得不含税收入为1 100万元，开具增值税专用发票，货款尚未收到。

（3）10日，收到B公司分来的投资利润，用铁板代替，共100吨，单价260元，开具增值税专用发票一张。该铁板用于本企业生产，铁板已验收入库。

（4）15日，将自产产品售价为300万元的货物无偿赠送给乙企业。

（5）18日，以自己生产的产品分配利润，产品成本为80万元，销售价格为100万元（不含税）。

（6）22日，收到科隆公司交来的20 000千克A材料要求加工成B材料，A材料成本为100 000元。每千克A材料可加工成B材料2件，双方约定加工费为2元/件。钢铁厂当月全部加工完毕。

（7）23日，接受当地风扬广告公司提供的广告服务，取得的增值税专用发票注明价款8万元，税款4 800元。

（8）26日，购进一辆消费税应税小汽车自用，取得机动车销售统一发票，含税价为234 000元。

（9）28日，出租5月份建成的仓库，约定每月租金5 000元，预收半年租金30 000元，开出增值税专用发票，注明税款3 300元，该仓库每月计提折旧3 000元。

请对上述业务做出账务处理，并计算祥龙钢铁厂10月份应纳增值税额。

## 第四节　增值税的申报与缴纳

### 单项选择题

1. 纳税人采取托收承付或委托银行收款方式销售货物，其纳税义务发生时间是（　　）。

A. 货物发出的当天　　B. 收到销货款的当天

C. 发出货物并办妥托收手续的当天　　D. 签订合同的当天

2. 关于增值税纳税义务发生时间，下列说法错误的是（　）。

A. 预收款方式销售货物的，为货物发出的当天

B. 先开具发票的，为开具发票的当天

C. 进口货物为报关进口的当天

D. 将货物交付他人代销，为发出代销货物的当天

3. 固定业户应当向（　　）的主管税务机关申报纳税。

A. 机构所在地　B. 销售地　C. 居住地　D. 报关地

4. 进口货物，应当由进口人或代理人向（　）申报纳税。

A. 机构所在地的主管税务机关　B. 销售地的主管税务机关

C. 居住地的主管税务机关　D. 报关地海关

5. 下列不属于其他个人提供建筑服务，销售或租赁不动产，转让自然资源使用权的纳税申报地点的是（　）。

A. 机构所在地　B. 建筑服务发生地

C. 不动产所在地　D. 自然资源所在地

6. 纳税人进口货物，应当自海关填发海关进口增值税专用缴款书之日起（　）内缴纳税款。

A. 7日　B. 15日　C. 30日　D. 90日

7. 适用“期满之日起15日内申报纳税”的纳税期限是（　）。

A. 1日、3日、5日　B. 10日、15日

C. 20日、25日　D. 1个月或1个季度

8. 下列不属于小规模纳税人纳税申报资料的是（　）。

A. 纳税申报表　B. 附列资料

C. 税额抵减情况表　D. 减免税申报明细表

9. 纳税人跨县（市）提供建筑劳务、房地产开发企业预售自行开发的房地产项目、纳税人出租与机构所在地不在同一县（市）的不动产需预缴税款的，应填写（　）。

A. 本期销售情况明细表　B. 增值税预缴税款表

C. 税额抵减情况表　D. 扣除项目明细表

10. 国内增值税由（　　）负责征收。

A. 财政部门　B. 地方税务局

C. 国家税务局　D. 海关

## 多项选择题

1. 下列选项，符合增值税纳税义务发生时间的有（　　）。

A. 对发出代销商品满180天仍未收到代销清单及货款的，为发出代销商品满180天的当天

B. 将自产货物对外捐赠的，为货物使用的当天

C. 转让外汇的，为外汇所有权转移的当天

D. 提供建筑服务采取预收款的，为按进度结算的当天

2. 下列选项中，增值税纳税义务发生时间为收到预收款的当天的有（　　）。

A. 预收款方式销售货物的

B. 销售大型机械设备、船舶、飞机等货物的

C. 预收款方式提供建筑劳务的

D. 预收款方式提供租赁劳务的

3. 销售货物、应税劳务或服务的，下列属于其增值税纳税义务发生时间基本规定的有（　　）。

A. 为收讫销售款项或取得索取销售款项凭据的当天

B. 先开具发票的，为开具发票的当天

C. 为货物发出的当天

D. 为合同约定的收款日期的当天

4. 非固定业户销售货物或者应税劳务和应税行为，应当向（　　）的主管税务机关申报纳税。

A. 机构所在地　　B. 销售地　　C. 劳务发生地　　D. 应税行为发生地

5. 固定业户到外县（市）销售货物或者应税劳务，未开具外出经营活动税收管理证明的，应当向（　　）的主管税务机关申报纳税。

A. 机构所在地　　B. 销售地　　C. 劳务发生地　　D. 居住地

6. 纳税人的下列（　　）行为预缴税款后，应向机构所在地主管税务机关申报纳税。

A. 跨县（市）提供建筑服务　　B. 销售不动产

C. 租赁不动产　　D. 转让无形资产

7. 下列关于增值税纳税期限正确的选项有（　　）。

A. 1 日、3 日、5 日　　B. 10 日、15 日

C. 20 日、25 日　　D. 1 个月或 1 个季度

8. 以一个季度为纳税期限的规定适用于（　　）。

A. 一般纳税人　　B. 小规模纳税人

C. 电信公司　　D. 银行

9. 适用"期满之日起 5 日内预缴税款，次月 1 日起 15 日内申报纳税并结清上月税款"的纳税期限有（　　）。

A. 1 日、3 日、5 日　　B. 10 日、15 日

C. 1 个月　　D. 1 个季度

10. 下列属于增值税纳税申报必报资料的有（　　）。

A. 纳税申报表　　B. 减免税申报明细表

C. 完税凭证资料　　D. 农产品收购凭证

## 判断题

1. 纳税人采取赊销或分期收款方式销售货物的，其纳税义务发生时间为收到货款的当天。（　　）

2. 采取直接收款方式销售货物，不论货物是否发出，其纳税义务发生时间均为收到销售款或取得索取销售款凭据的当天。（　）

3. 增值税扣缴义务发生时间与增值税纳税义务发生时间的规定一致。（　）

4. 总机构和分支机构不在同一县（市）的，只能分别向各自所在地的主管税务机关申报纳税。（　）

5. 固定业户（指一般纳税人）临时到外省、市销售的，必须向经营地税务机关出示“外出经营活动税收管理证明”回原地纳税。（　）

6. 一般纳税人跨省提供建筑服务或者销售、出租取得的与机构所在地不在同一省的不动产，如计算的应纳税额小于已预缴税额且差额较大的，由服务对象所在地省级税务机关决定在一定时期内暂停预缴增值税。（　）

7. 增值税纳税人不能按照固定期限纳税的，可以按次纳税。（　）

8. 增值税一般纳税人必须填报本期销售情况明细表和本期进项税额明细表。（　）

## 第五节　增值税专用发票的使用和管理

### 单项选择题

1. 一般纳税人下列（　）信息发生变化，应对专用发票向主管税务机关申请注销发行。

A. 企业名称　　B. 税务登记代码

C. 开票限额　　D. 购票限量

2. 增值税发票系统升级版的推行工作对①使用税控收款机纳税人；②起征点以下的小规模纳税人；③一般纳税人和起征点以上的小规模纳税人按下列（　）顺序分布进行。

A. ①—②—③　　B. ②—③—①

C. ③—①—②　　D. ③—②—①

3. 增值税发票系统升级版使用网络办税，因网络故障等原因无法在线开票的，只有（　），纳税人方可开具发票。

A. 超过税务机关设定的离线开票时限

B. 超过税务机关设定的离线开票总金额范围

C. 次月仍未联通网络上传发票明细数据

D. 携专用设备到税务机关报税后

4. 一般纳税人的（　）行为，不得开具专用发票。

A. 生产销售卷烟　　B. 批发服装

C. 零售鞋帽　　D. 零售劳保用品

5. 下列“营改增”的应税服务，不论全额或差额计税，不论一般纳税人或小规模纳税人均不得开具增值税专用发票的是（　　）。

A. 餐饮住宿服务　　B. 人力资源外包服务

C. 金融商品转让　　D. 旅游服务

6. “营改增”应税服务选择简易计税方法后需通过增值税发票管理新系统差额征税开票功能开具发票的应税服务是（　　）。

A. 转让不动产　　B. 建筑服务

C. 经纪代理服务　　D. 邮政服务

7. 下列“营改增”应税服务中，小规模纳税人可以取得的全部价款和价外费用，依征收率开具增值税普通发票，也可申请国税机关代开增值税专用发票的是（　　）。

A. 金融商品转让　　B. 建筑服务

C. 经纪代理服务　　D. 不动产融资租赁

8. 一般纳税人注销税务登记时，下列不正确的做法是（　　）。

A. 一般纳税人应将专用设备送交主管税务机关

B. 一般纳税人应将结存未用的纸质专用发票送交主管税务机关

C. 主管税务机关应在纸质专用发票监制章处按“V”字剪角作废

D. 被缴销的纸质专用发票应留存税务机关

9. 专用发票认证有下列（　　）情形的，税务机关扣留原件查明原因后分别情况处理。

A. 无法认证　　B. 认证不符

C. 纳税人识别号认证不符　　D. 专用发票代码、号码认证不符

10. 一般纳税人丢失未认证的专用发票抵扣联的，需到主管税务机关认证留存（　　）。

A. 发票联复印件　　B. 抵扣联复印件

C. 记账联　　D. 记账联复印件

## 多项选择题

1. 增值税专用发票的基本联次有（　　）。

A. 存根联　　B. 发票联　　C. 抵扣联　　D. 记账联

2. 一般纳税人下列（　　）信息发生变化，应对专用发票向主管税务机关申请变更发行。

A. 企业名称　　B. 税务登记代码

C. 开票限额　　D. 购票人员姓名、密码

3. 一般纳税人有下列（　　）情形之一的，不得领购开具专用发票。

A. 会计核算不健全，不能准确提供应纳税额等数据资料的

B. 有税收违法行为，拒不接受税务机关处理的

C. 虚开、私自印制专用发票，被责令限期改正仍未改正的

D. 未按规定开具专用发票，被责令限期改正仍未改正的

4. 未按规定保管专用发票和专用设备是指下列（　　）行为。

A. 未设专人保管

B. 未按要求存放

C. 未将认证相符的有关资料装订成册

D. 未经税务机关查验，擅自销毁专用发票基本联次

5. 下列关于增值税发票使用的有关规定，正确的有（　　）。

A. 一般纳税人可开具专用发票和普通发票

B. 税务机关不能为小规模纳税人代开专用发票

C. 一般纳税人和小规模纳税人开具的机动车零售业务发票相同

D. 普通发票左上角打印“收购”字样即为收购发票

6. 一般纳税人遇下列（　　）事项时，如发票不符合作废条件，则可以开具红字专用发票。

A. 开票有误　　B. 应税服务终止

C. 销货退回、销售折让　　D. 抵扣联、发票联均无法认证

7. 下列应由销售方填开并上传“开具红字增值税专用发票信息表”的有（　　）。

A. 专用发票已抵扣的　　B. 专用发票尚未交付购买方的

C. 专用发票已交付购买方的　　D. 购买方拒收专用发票的

8. 一般纳税人有下列（　　）行为的，不得开具专用发票。

A. 报关出口冰箱　　B. 无偿赠送水泥

C. 将自产饮料发给职工消暑　　D. 现场制作出售蛋糕

9. “营改增”差额计税的应税服务，不论一般纳税人还是小规模纳税人，对代为支付、发放或收取部分规定不得开具增值税专用发票的应税服务有（　　）。

A. 劳务派遣服务　　B. 人力资源外包服务

C. 经纪代理服务　　D. 旅游服务

10. 专用发票“符合条件作废”需同时具有下列（　　）情形。

A. 销售方未抄税

B. 销售方未记账

C. 收到购买方退回的发票未超过销售方开票当月

D. 购买方未认证或认证结果为“纳税人识别号认证不符”、“专用发票代码、号码认证不符”

11. 专用发票认证有下列（　　）情形之一的，税务机关退还发票原件，购买方可要求销售方重新开具专用发票。

A. 无法认证　　B. 认证不符

C. 纳税人识别号认证不符　　D. 专用发票代码、号码认证不符

12. 专用发票认证有下列（　　）情形之一的，税务机关扣留原件待查明原因后分别情况处理。

A. 无法认证　　B. 认证不符　　C. 密文有误　　D. 重复认证

13. 购买方丢失尚未认证的增值税专用发票抵扣联和发票联的，需要（　　）才能抵扣进项税额。

A. 到销售方处取得对应专用发票记账联复印件

B. 认证相符从销售方取得的专用发票记账联复印件

C. 销售地主管税务机关出具《丢失增值税专用发票已报税证明单》

D. 经购买方主管税务机关审核同意

14. 虚开增值税专用发票达到下列（　　）数额的，构成虚开增值税专用发票罪。

A. 致使国家税款被骗 1 000 元以上　　B. 虚开税款数额 5 000 元以上

C. 致使国家税款被骗 5 000 元以上　　D. 虚开税款数额 10 000 元以上

15. 虚开税款数额 100 000 元以上或因虚开增值税专用发票致使国家税款被骗 50 000 元以上的，具有其他严重情节的，应被处（　　）。

A. 3 年以上 10 年以下有期徒刑　　B. 2 万元以上 20 万元以下罚金

C. 5 万元以上 50 万元以下罚金　　D. 没收财产

## 判断题

1. 一般纳税人申请领用增值税专用发票，申请的最高开票限额无论多少，主管税务机关都需要进行实地查验后再行审批。（　　）

2. 一般纳税人须在领购专用设备前，凭“最高开票限额申请表”和《发票领购簿》到主管税务机关先办理专用发票的初始发行。（　　）

3. 增值税专用发票只限于一般纳税人领购使用。（　　）

4. 通用定额发票、客运发票和二手车销售统一发票仍继续使用。（　　）

5. 增值税发票系统升级版是对增值税防伪税控系统、货物运输业增值税专用发票税控系统、稽核系统以及税务数字证书系统等进行的整合升级完善。（　　）

6. 一般纳税人和小规模纳税人发生的所有增值税业务都应当使用专用设备开具发票。（　　）

7. 纳税人应在纳税申报期内将上月开具发票汇总情况通过增值税防伪税控系统进行网络报税。（　　）

8. 除特定纳税人外，使用增值税发票系统升级版的纳税人，不再需要到税务机关进行报税。（　　）

9. 专用发票已交给购买方但“无法认证”的，购买方在增值税发票系统升级版中填开上传“开具红字增值税专用发票信息表”时应填写对应的蓝字发票信息。（　　）

10. 纳税人可在对应的蓝字普通发票金额范围内开具多份红字普通发票，所以开具的红字机动车销售统一发票不必与原蓝字机动车销售统一发票一一对应。（　　）

11. 小规模纳税人不得开具专用发票，也不得向税务机关申请代开。（　　）

12. 对不符合开具要求的专用发票，购买方有权拒绝。（　　）

13. 一般纳税人汇总开具专用发票的，使用防伪税控系统开具的《销售货物或者提供应税劳务清单》可不加盖财务专用章或发票专用章。（　　）

14. 增值税发票管理新系统中正常开票功能适用于全额征税，差额征税开票功能适用于差额征税。（　　）

15. 专用发票开具时发现有误的，也不能即时作废。（　　）

16. “开具红字增值税专用发票信息表”可由购买方或销售方填开，但红字专用发票只能由销售方开具。 （ ）

17. 对单位犯虚开增值税专用发票罪的，采取“双罚制”原则，即对单位判处罚金，并对其直接负责的主管人员处以拘役或有期徒刑或无期徒刑。 （ ）

## 第六节 增值税会计核算实训

### 一、实训目的

掌握增值税的计算及会计处理；了解增值税概况，熟悉增值税的纳税申报程序，掌握增值税纳税申报表的填制方法；培养学生的理解能力、计算能力、账务处理能力和纳税申报的实际应用能力。

### 二、实训资料

1. 企业概况

企业名称：晨光有限公司

企业性质：股份制企业

经营范围：化工产品

企业法人代表：高信诚

注册资金：2 000 万元

企业地址及电话：中原市和平大街 8 号 79689716

开户银行：工商银行和平支行

基本账户账号：0405001109245087766

纳税人识别号：130403340120012

2. 期初有关账户余额

“应交税费——未交增值税”贷方余额 973 691 元。

3. 增值税账务处理模拟业务

该公司执行《小企业会计准则》与现行税法，会计核算健全，系增值税一般纳税人，增值税税率为 17%，按月缴纳增值税，以 1 个月为纳税期限。2016 年 1 月份发生部分业务如下：

（1）4 日从兴瑞公司购入甲材料 100 千克，单价 800 元，收到的增值税专用发票上注明价款 80 000 元，税款 13 600 元，款项已通过银行转账支付，货物收到。见表 2－2、表 2－3、表 2－4（银行转账单证格式省略）。

表 2－2

1304091140

## 中原市增值税专用发票

**发 票 联**

（中原市 国家税务总局监制）

№. 02447649

开票日期 2016 年 01 月 04 日

**购货单位**

名　　称：中原市晨光有限公司

纳税人识别号：130403340120012

地 址、电 话：中原市和平大街 8 号　79689716

开户行及账号：工行和平支行　040500110924508776 6

**密码区**

3 < >19 －3 ＋8 ＋7 < ＋5 －2 ＋821 <

加密版本号：

5 > ＋6021/3455326 －/ － ＋/ >56

1 <12/5 <1 ＋ ＋/283510 ＊49/0 091236 5210

6 >5 <24 － > >3 ＊05 > >92 02314587

| 货物或应税劳务名称 | 规格型号 | 单 位 | 数 量 | 单 价 | 金 额 | 税率 | 税 额 |
|---|---|---|---|---|---|---|---|
| 甲材料 | | 千克 | 100 | 800 | 80 000.00 | 17% | 13 600.00 |
| 合 计 | | | | | 80 000.00 | | 13 600.00 |
| 价税合计（大写） | ⊗玖万叁仟陆佰元整 | | | | （小写）¥93 600.00 | | |

**销货单位**

名　　称：中原市兴瑞有限公司

纳税人识别号：130403012340120

地 址、电 话：中原市复兴大街 24 号

开户行及账号：建行学步桥支行　040500776611092450 8

**备注**

（中原市兴瑞有限公司 130403012540120 发票专用章）

收款人：钱素雅　　复核：孙艺博　　开票人：赵红　　销货单位：（章）

第三联：发票联　购货方记账凭证

表 2－3

1304091140

## 中原市增值税专用发票

**发 票 联**

（全国统一发票监制章 中原市 国家税务总局监制）

№. 02447649

开票日期 2016 年 01 月 04 日

**购货单位**

名　　称：中原市晨光有限公司

纳税人识别号：130403340120012

地 址、电 话：中原市和平大街 8 号　79689716

开户行及账号：工行和平支行　040500110924508776 6

**密码区**

3 < >19 －3 ＋8 ＋7 < ＋5 －2 ＋821 <

加密版本号：

5 > ＋6021/3455326 －/ － ＋/ >56

1 <12/5 <1 ＋ ＋/283510 ＊49/0 091236 5210

6 >5 <24 － > >3 ＊05 > >92 02314587

| 货物或应税劳务名称 | 规格型号 | 单 位 | 数 量 | 单 价 | 金 额 | 税率 | 税 额 |
|---|---|---|---|---|---|---|---|
| 甲材料 | | 千克 | 100 | 800 | 80 000.00 | 17% | 13 600.00 |
| 合 计 | | | | | 80 000.00 | | 13 600.00 |
| 价税合计（大写） | ⊗玖万叁仟陆佰元整 | | | | （小写）¥93 600.00 | | |

**销货单位**

名　　称：中原市兴瑞有限公司

纳税人识别号：130403012340120

地 址、电 话：中原市复兴大街 24 号

开户行及账号：建行学步桥支行　040500776611092450 8

**备注**

（中原市兴瑞有限公司 130403012540120 发票专用章）

收款人：钱素雅　　复核：孙艺博　　开票人：赵红　　销货单位：（章）

第二联：抵扣联　购货方扣税凭证

**表 2－4**

## 收　料　单

年　月　日　　　　字第　号

<table>
<tr><td colspan="15">来料单位　　　　发票　　　号　　　　年　月　日收到</td></tr>
<tr><td rowspan="2">编号</td><td rowspan="2">材料名称</td><td rowspan="2">规格</td><td rowspan="2">送验数量</td><td rowspan="2">实收数量</td><td rowspan="2">单位</td><td rowspan="2">单价</td><td colspan="8">金　额</td></tr>
<tr><td>十</td><td>万</td><td>千</td><td>百</td><td>十</td><td>元</td><td>角</td><td>分</td></tr>
<tr><td></td><td></td><td></td><td></td><td></td><td></td><td></td><td></td><td></td><td></td><td></td><td></td><td></td><td></td><td></td></tr>
<tr><td></td><td></td><td></td><td></td><td></td><td></td><td></td><td></td><td></td><td></td><td></td><td></td><td></td><td></td><td></td></tr>
<tr><td></td><td></td><td></td><td></td><td></td><td></td><td></td><td></td><td></td><td></td><td></td><td></td><td></td><td></td><td></td></tr>
<tr><td></td><td></td><td></td><td></td><td></td><td></td><td></td><td></td><td></td><td></td><td></td><td></td><td></td><td></td><td></td></tr>
<tr><td colspan="2">备注：</td><td>验收人<br>盖章</td><td colspan="4"></td><td colspan="8">合计 ¥</td></tr>
</table>

会计：　　出纳：　　复核：　　记账：　　制单：

（2）5 日销售给德诚公司 C 产品 200 箱，每箱不含税售价 800 元，每箱单位成本 600 元。收到转账支票一张。见表 2－5、表 2－6（转账支票格式省略）。

**表 2－5**

1304091401　　**中原市增值税专用发票**　　№. 02444976

此联不作报销、扣税凭证使用　　开票日期 2016 年 01 月 05 日

<table>
<tr><td colspan="2">购货单位</td><td colspan="3">名　　称：中原市德诚有限公司<br>纳税人识别号：130403012001234<br>地址、电话：中原市和平大街 18 号　79671689<br>开户行及账号：工行和平支行　0405001109245076687</td><td>密码区</td><td colspan="2">（略）</td></tr>
<tr><td colspan="2">货物或应税劳务名称</td><td>规格型号</td><td>单　位</td><td>数　量</td><td>单　价</td><td>金　额</td><td>税率</td><td>税　额</td></tr>
<tr><td colspan="2">C 产品</td><td></td><td>箱</td><td>200</td><td>800.00</td><td>160 000.00</td><td>17%</td><td>27 200.00</td></tr>
<tr><td colspan="2">合　计</td><td></td><td></td><td></td><td></td><td>160 000.00</td><td></td><td>27 200.00</td></tr>
<tr><td colspan="2">价税合计（大写）</td><td colspan="5">⊗壹拾捌万柒仟贰佰元整</td><td colspan="2">（小写）¥187 200.00</td></tr>
<tr><td colspan="2">销货单位</td><td colspan="3">名　　称：中原市晨光有限公司<br>纳税人识别号：130403340120012<br>地址、电话：中原市和平大街 8 号　79689716<br>开户行及账号：工行和平支行　0405001109245087766</td><td>备注</td><td colspan="2"></td></tr>
</table>

第一联：记账联　销货方记账凭证

收款人：王雪涛　　复核：刘小敏　　开票人：张富贵　　销售单位：（章）

表 2－6

## 出　库　单

提货部门　　　　　　　　　　　　　　年　月　日　　　　　　　　　　　　№.

| 产　品 | | | 单位 | 数量 | 单价 | 成本总额 | | | | | | | 产品明细账 | | 说明 |
|---|---|---|---|---|---|---|---|---|---|---|---|---|---|---|---|
| 编号 | 名称 | 规格 | | | | 万 | 千 | 百 | 十 | 元 | 角 | 分 | 号 | 页 | |
| | | | | | | | | | | | | | | | |
| | | | | | | | | | | | | | | | |
| | | | | | | | | | | | | | | | |
| | | | | | | | | | | | | | | | |
| | | | | | | | | | | | | | | | |

部门主管：　　　　会计：　　　　记账：　　　　保管：　　　　提货人：　　　　制单：

（3）7 日支付上月水费，自来水公司开具的增值税专用发票显示价税合计 6 780 元。见表 2－7、表 2－8、表 2－9。

表 2－7

1304091423　　　　**中原市增值税专用发票**　　　　№ 02490076

发　票　联　　　　开票日期 2016 年 01 月 07 日

| 购货单位 | 名称：中原市晨光有限公司<br>纳税人识别号：130403340120012<br>地址、电话：中原市和平大街 8 号　79689716<br>开户行及账号：工行和平支行　0405001109245087766 | 密码区 | （略） |
|---|---|---|---|

| 货物或应税劳务名称 | 规格型号 | 单　位 | 数　量 | 单　价 | 金　额 | 税率 | 税　额 |
|---|---|---|---|---|---|---|---|
| 水 | | 吨 | 6 000 | 1.00 | 6 000.00 | 13% | 780.00 |
| 合　计 | | | | | 6 000.00 | | 780.00 |
| 价税合计（大写） | ⊗陆仟柒佰捌拾元整 | | | | （小写）¥6 780.00 | | |

| 销货单位 | 名称：中原市自来水公司<br>纳税人识别号：130403340120254<br>地址、电话：中原市迎宾大街 3 号　79222580<br>开户行及账号：建行迎宾支行　0012—2245—1978—5400 | 备注 | 中原市自来水公司<br>130403340120254<br>发票专用章 |
|---|---|---|---|

收款人：王晓璇　　　　复核：王建民　　　　开票人：刘峰　　　　销售单位：（章）

第三联：发票联　购货方记账凭证

**表 2－8**

1304091423 **中原市增值税专用发票** № 02490076

抵 扣 联

开票日期 2016 年 01 月 07 日

| | | | |
|---|---|---|---|
| 购货单位 | 名　　称：中原市晨光有限公司<br>纳税人识别号：130403340120012<br>地 址、电 话：中原市和平大街 8 号　79689716<br>开户行及账号：工行和平支行　04050011092450877766 | 密码区 | （略） |

| 货物或应税劳务名称 | 规格型号 | 单　位 | 数　量 | 单　价 | 金　额 | 税率 | 税　额 |
|---|---|---|---|---|---|---|---|
| 水 | | 吨 | 60 000 | 1.00 | 6 000.00 | 13 % | 780.00 |
| 合　计 | | | | | 6 000.00 | | 780.00 |
| 价税合计（大写） | ⊗陆仟柒佰捌拾元整 | | | | （小写）¥6 780.00 | | |

| | | | |
|---|---|---|---|
| 销货单位 | 名　　称：中原市自来水公司<br>纳税人识别号：130403340120254<br>地 址、电 话：中原市迎宾大街 3 号　79222580<br>开户行及账号：建行迎宾支行　0012－2245－1978－5400 | 备注 | 中原市自来水公司<br>130403340120254<br>发票专用章 |

收款人：王晓璇　　复核：王建民　　开票人：刘峰　　销货单位：（章）

第二联：抵扣联　购货方扣税凭证

**表 2－9**

**中国工商银行　河北省分行营业部　批扣借方凭证（回单）**

INDUSTRIAL AND COMMERCIAL BANK OF CHINA №0001236325468615

业务日期：2016 年 01 月 07 日

| | | | | | |
|---|---|---|---|---|---|
| 付款人 | 全　　称 | 中原市晨光有限公司 | 收款人 | 全　　称 | 中原市自来水公司 |
| | 账　　号 | 04050011092450877766 | | 账号或地址 | 0012－2245－1978－5400 |
| | 开户银行 | 工行和平支行 | | 开 户 银 行 | 建行迎宾支行 |
| 金额 | 人民币（大写） | 陆仟柒佰捌拾元整 | | 千 百 十 万 千 百 十 元 角 分 | ¥ 6 7 8 0 0 0 |
| 摘要 | 水费 | | | | |
| 备注 | | | | | |

中国工商银行 和平支行 2016.01.07 转讫

工行网站：www. ICBC. com. cn　　打印日期：2016 年 01 月 07 日

（4）8 日从兴瑞公司购入乙材料 200 千克，单价 1 000 元，取得的增值税专用发票注明价款 200 000 元，税款 34 000 元。款项已通过银行转账支付，材料已验收入库，见表 2－10、表 2－11、表 2－12（银行转账单证格式省略）。

表 2-10

1304091140　　　　中原市增值税专用发票　　　　№ 02476494

发票联

开票日期 2016 年 01 月 08 日

| | | | | | | | |
|---|---|---|---|---|---|---|---|
| 购货单位 | 名称：中原市晨光有限公司<br>纳税人识别号：130403340120012<br>地址、电话：中原市和平大街8号 79689716<br>开户行及账号：工行和平支行 0405001109245087766 | | | | 密码区 | （略） | |
| 货物或应税劳务名称 | 规格型号 | 单位 | 数量 | 单价 | 金额 | 税率 | 税额 |
| 乙材料 | | 千克 | 200 | 1 000.00 | 200 000.00 | 17% | 34 000.00 |
| 合计 | | | | | 200 000.00 | | 34 000.00 |
| 价税合计（大写） | ⊗贰拾叁万肆仟元整 | | | | （小写）¥234 000.00 | | |
| 销货单位 | 名称：中原市兴瑞有限公司<br>纳税人识别号：130403012340120<br>地址、电话：中原市复兴大街24号<br>开户行及账号：建行学步桥支行 0405007766110924508 | | | | 备注 | 中原市兴瑞有限公司 130403012340120 发票专用章 | |

收款人：钱素雅　　复核：孙艺博　　开票人：赵红　　销货单位：（章）

第三联：发票联　购货方记账凭证

表 2-11

1304091140　　　　中原市增值税专用发票　　　　№ 02476494

抵扣联

开票日期 2016 年 01 月 08 日

| | | | | | | | |
|---|---|---|---|---|---|---|---|
| 购货单位 | 名称：中原市晨光有限公司<br>纳税人识别号：130403340120012<br>地址、电话：中原市和平大街8号 79689716<br>开户行及账号：工行和平支行 0405001109245087766 | | | | 密码区 | （略） | |
| 货物或应税劳务名称 | 规格型号 | 单位 | 数量 | 单价 | 金额 | 税率 | 税额 |
| 乙材料 | | 千克 | 200 | 1 000.00 | 200 000.00 | 17% | 34 000.00 |
| 合计 | | | | | 200 000.00 | | 34 000.00 |
| 价税合计（大写） | ⊗贰拾叁万肆仟元整 | | | | （小写）¥234 000.00 | | |
| 销货单位 | 名称：中原市兴瑞有限公司<br>纳税人识别号：130403012340120<br>地址、电话：中原市复兴大街24号<br>开户行及账号：建行学步桥支行 0405007766110924508 | | | | 备注 | 中原市兴瑞有限公司 130403012340120 发票专用章 | |

收款人：钱素雅　　复核：孙艺博　　开票人：赵红　　销货单位：（章）

第二联：抵扣联　购货方扣税凭证

**表 2－12**

## 收　料　单

年　月　日　　　　　　　　　　　　　　　　字第　号

<table>
<tr><td colspan="3">来料单位</td><td colspan="3">发票　　号</td><td colspan="9">年　月　日收到</td></tr>
<tr><td rowspan="2">编号</td><td rowspan="2">材料名称</td><td rowspan="2">规格</td><td rowspan="2">送验数量</td><td rowspan="2">实收数量</td><td rowspan="2">单位</td><td rowspan="2">单价</td><td colspan="8">金　额</td></tr>
<tr><td>十</td><td>万</td><td>千</td><td>百</td><td>十</td><td>元</td><td>角</td><td>分</td></tr>
<tr><td></td><td></td><td></td><td></td><td></td><td></td><td></td><td></td><td></td><td></td><td></td><td></td><td></td><td></td><td></td></tr>
<tr><td></td><td></td><td></td><td></td><td></td><td></td><td></td><td></td><td></td><td></td><td></td><td></td><td></td><td></td><td></td></tr>
<tr><td></td><td></td><td></td><td></td><td></td><td></td><td></td><td></td><td></td><td></td><td></td><td></td><td></td><td></td><td></td></tr>
<tr><td></td><td></td><td></td><td></td><td></td><td></td><td></td><td></td><td></td><td></td><td></td><td></td><td></td><td></td><td></td></tr>
<tr><td colspan="2">备注：</td><td>验收人<br>盖章</td><td colspan="3"></td><td colspan="9">合计 ¥</td></tr>
</table>

会计：　　　　出纳：　　　　复核：　　　　记账：　　　　制单：

（5）9 日缴纳上月应交增值税 973 691 元，已通过银行存款账户划出，见表 2－13。

**表 2－13**

## 电子缴税系统回单

记账日期：2016. 01. 09　　　　　　　　　　　　0085635982

<table>
<tr><td rowspan="3">付款人</td><td>全　称</td><td colspan="2">中原市晨光有限公司</td><td rowspan="3">收款人</td><td>全　称</td><td colspan="12">中原市国家税务局和平分局</td></tr>
<tr><td>账　号</td><td colspan="2">0405001109245087766</td><td>账　号</td><td colspan="12">0011092450766040587</td></tr>
<tr><td>开户银行</td><td colspan="2">工行和平支行</td><td>开户银行</td><td colspan="12">国家金库和平支库</td></tr>
<tr><td rowspan="2">金额</td><td rowspan="2" colspan="5">人民币（大写）玖拾柒万叁仟陆佰玖拾壹元整</td><td>亿</td><td>千</td><td>百</td><td>十</td><td>万</td><td>千</td><td>百</td><td>十</td><td>元</td><td>角</td><td>分</td><td rowspan="6">第二联：交付款单位</td></tr>
<tr><td></td><td></td><td>¥</td><td>9</td><td>7</td><td>3</td><td>6</td><td>9</td><td>1</td><td>0</td><td>0</td></tr>
<tr><td colspan="2">款项内容</td><td colspan="2">代扣（国税）税款</td><td colspan="13">电子税票号：000012345600259</td></tr>
<tr><td colspan="2">纳税人名称</td><td colspan="2">中原市晨光有限公司</td><td colspan="13">纳税人编码：000890000045</td></tr>
<tr><td colspan="2">税　种</td><td colspan="2">所属期</td><td colspan="2">纳税金额</td><td colspan="4">备注</td><td colspan="7" rowspan="2">上列款项已按规定转讫（银行盖章）<br>清算日期：2016. 01. 09</td></tr>
<tr><td colspan="2">增值税</td><td colspan="2">20151201—20151231</td><td colspan="2">¥973 691. 00</td><td colspan="4">国税</td></tr>
</table>

中国工商银行 和平支行 2016.01.09 转讫

打印日期：2016. 01. 09

（6）9 日收到供电公司开来的增值税专用发票注明电价 50 000 元，税额 8 500 元，款项已通过银行转账支付，见表 2－14、表 2－15、表 2－16。

**表 2－14**

1304091420

## 中原市增值税专用发票

No. 02491876

发 票 联

（中原市 国家税务总局监制）

开票日期 2016 年 01 月 09 日

| | | | |
|---|---|---|---|
| 购货单位 | 名　　称：中原市晨光有限公司<br>纳税人识别号：130403340120012<br>地 址、电 话：中原市和平大街 8 号　79689716<br>开户行及账号：工行和平支行　0405001109245087766 | 密码区 | （略） |

| 货物或应税劳务名称 | 规格型号 | 单 位 | 数 量 | 单 价 | 金 额 | 税率 | 税 额 |
|---|---|---|---|---|---|---|---|
| 电 | | 度 | 100 000 | 0.50 | 50 000.00 | 17% | 8 500.00 |
| 合 计 | | | | | 50 000.00 | | 8 500.00 |
| 价税合计（大写） | ⊗伍万捌仟伍佰元整 | | | | （小写）¥58 500.00 | | |

| | | | |
|---|---|---|---|
| 销货单位 | 名　　称：中原市供电公司<br>纳税人识别号：130403340120233<br>地 址、电 话：中原市为民大街 32 号　79172584<br>开户行及账号：建行为民支行　0012－2245－1978－5468 | 备注 | （中原市供电公司 130403340120233 发票专用章） |

收款人：林权　　复核：李晓曼　　开票人：万峰　　销货单位：（章）

第三联：发票联　购货方记账凭证

**表 2－15**

1304091420

## 中原市增值税专用发票

No. 02491876

抵 扣 联

（中原市 国家税务总局监制）

开票日期 2016 年 01 月 09 日

| | | | |
|---|---|---|---|
| 购货单位 | 名　　称：中原市晨光有限公司<br>纳税人识别号：130403340120012<br>地 址、电 话：中原市和平大街 8 号　79689716<br>开户行及账号：工行和平支行　0405001109245087766 | 密码区 | （略） |

| 货物或应税劳务名称 | 规格型号 | 单 位 | 数 量 | 单 价 | 金 额 | 税率 | 税 额 |
|---|---|---|---|---|---|---|---|
| 电 | | 度 | 100 000 | 0.50 | 50 000.00 | 17% | 8 500.00 |
| 合 计 | | | | | 50 000.00 | | 8 500.00 |
| 价税合计（大写） | ⊗伍万捌仟伍佰元整 | | | | （小写）¥58 500.00 | | |

| | | | |
|---|---|---|---|
| 销货单位 | 名　　称：中原市供电公司<br>纳税人识别号：130403340120233<br>地 址、电 话：中原市为民大街 32 号　79172584<br>开户行及账号：建行为民支行　0012－2245－1978－5468 | 备注 | （中原市供电公司 130403340120233 发票专用章） |

收款人：林权　　复核：李晓曼　　开票人：万峰　　销货单位：（章）

第二联：抵扣联　购货方扣税凭证

表 2－16

中国工商银行　河北省分行营业部　批扣借方凭证（回单）

INDUSTRIAL AND COMMERCIAL BANK OF CHINA　　No. 0001236325468561

业务日期：2016 年 01 月 09 日

| | | | | | |
|---|---|---|---|---|---|
| 付款人 | 全　称 | 中原市晨光有限公司 | 收款人 | 全　称 | 中原市供电公司 |
| | 账　号 | 0405001109245087766 | | 账　号 | 0012－2245－1978－5468 |
| | 开户银行 | 工行和平支行 | | 开户银行 | 建行为民支行 |
| 金额 | 人民币（大写） | ⊗伍万捌仟伍佰元整 | | 千百十万千百十元角分 | ¥ 5 8 5 0 0 0 0 |
| 摘要 | 水费 | | | | |
| 备注 | | | | | |

中国工商银行 和平支行 2016.01.09 转讫

工行网站：www. ICBC. com. cn　　打印日期：2016 年 01 月 09 日

（7）21 日向德诚公司发出 A 产品 400 台，不含税售价每台 5 000 元。德诚公司承诺 30 天内付款，见表 2－17、表 2－18。

表 2－17

1304091401　　中原市增值税专用发票　　№ 04497624

此联不作报销、扣税凭证使用　　开票日期 2016 年 01 月 21 日

| | | | | | | | |
|---|---|---|---|---|---|---|---|
| 购货单位 | 名　称：中原市德诚有限公司<br>纳税人识别号：130403012001234<br>地址、电话：中原市和平大街 18 号　79671689<br>开户行及账号：工行和平支行　0405001109245076687 | | | | 密码区 | （略） | |
| 货物或应税劳务名称 | 规格型号 | 单　位 | 数　量 | 单　价 | 金　额 | 税率 | 税　额 |
| A 产品 | | 台 | 400 | 5 000.00 | 2 000 000.00 | 17% | 340 000.00 |
| 合　计 | | | | | 2 000 000.00 | | 340 000.00 |
| 价税合计（大写） | ⊗贰佰叁拾肆万元整 | | | | （小写）¥2 340 000.00 | | |
| 销货单位 | 名　称：中原市晨光有限公司<br>纳税人识别号：130403340120012<br>地 址、电 话：中原市和平大街 8 号　79689716<br>开户行及账号：工行和平支行　0405001109245087766 | | | | 备注 | | |

第一联：记账联　销货方记账凭证

收款人：王雪涛　　复核：刘小敏　　开票人：张富贵　　销货单位：（章）

表 2－18

## 出　库　单

提货部门　　　　　　　　　　　　年　月　日　　　　　　　　　　　　№.

| 产品 | | | 单位 | 数量 | 单价 | 成本总额 | | | | | | | 产品明细账 | | 说明 |
|---|---|---|---|---|---|---|---|---|---|---|---|---|---|---|---|
| 编号 | 名称 | 规格 | | | | 万 | 千 | 百 | 十 | 元 | 角 | 分 | 号 | 页 | |
| | | | | | | | | | | | | | | | |
| | | | | | | | | | | | | | | | |
| | | | | | | | | | | | | | | | |
| | | | | | | | | | | | | | | | |
| | | | | | | | | | | | | | | | |
| | | | | | | | | | | | | | | | |

部门主管：　　　　会计：　　　　记账：　　　　保管：　　　　提货人：　　　　制单：

（8）26 日以 A 产品 20 台（每台成本 3 000 元，不含税售价 5 000 元）换取兴瑞公司同等价值的 H 材料 500 千克，双方均开具增值税专用发票，见表 2－19、表 2－20、表 2－21、表 2－22、表 2－23。

表 2－19

1304091401　　　　**中原市增值税专用发票**　　　　№ 04497625

（印章：中原市　国家税务总局监制）

此联不作报销、扣税凭证使用　　　　开票日期 2016 年 01 月 26 日

| 购货单位 | 名　　称：中原市兴瑞有限公司<br>纳税人识别号：130403012340120<br>地址、电话：中原市复兴大街 24 号<br>开户行及账号：建行学步桥支行　0405007766110924508 | | | | | 密码区 | （略） |
|---|---|---|---|---|---|---|---|
| 货物或应税劳务名称 | 规格型号 | 单位 | 数量 | 单价 | 金额 | 税率 | 税额 |
| A 产品 | | 台 | 20 | 5 000.00 | 100 000.00 | 17% | 17 000.00 |
| 合　计 | | | | | 100 000.00 | | 17 000.00 |
| 价税合计（大写） | ⊗壹拾壹万柒仟元整 | | | | （小写）¥117 000.00 | | |
| 销货单位 | 名　　称：中原市晨光有限公司<br>纳税人识别号：130403340120012<br>地址、电话：中原市和平大街 8 号　79689716<br>开户行及账号：工行和平支行　0405001109245087766 | | | | | 备注 | |

第一联：记账联　销货方记账凭证

收款人：王雪涛　　　　复核：刘小敏　　　　开票人：张富贵　　　　销货单位：（章）

表 2－20

## 收　料　单

年　月　日　　　　　　　　　　　　　　　　　字第　号

| 来料单位 | | 发票 | 号 | | | 年 月 日收到 | | | | | | | | |
|---|---|---|---|---|---|---|---|---|---|---|---|---|---|---|
| 编号 | 材料名称 | 规格 | 送验数量 | 实收数量 | 单位 | 单价 | 金额 | | | | | | | |
| | | | | | | | 十 | 万 | 千 | 百 | 十 | 元 | 角 | 分 |
| | | | | | | | | | | | | | | |
| | | | | | | | | | | | | | | |
| | | | | | | | | | | | | | | |
| | | | | | | | | | | | | | | |
| 备注： | | 验收人盖章 | | | | 合计 ¥ | | | | | | | | |

会计：　　　　出纳：　　　　复核：　　　　记账：　　　　制单：

表 2－21

1304091140　　　　**中原市增值税专用发票**　　　　№ 02476496

发　票　联

开票日期 2016 年 01 月 26 日

| 购货单位 | 名　　称：中原市晨光有限公司<br>纳税人识别号：130403340120012<br>地址、电话：中原市和平大街 8 号　79689716<br>开户行及账号：工行和平支行　0405001109245087766 | | | 密码区 | （略） | | |
|---|---|---|---|---|---|---|---|
| 货物或应税劳务名称 | 规格型号 | 单位 | 数量 | 单价 | 金额 | 税率 | 税额 |
| H 材料 | | 千克 | 500 | 200.00 | 100 000.00 | 17% | 17 000.00 |
| 合计 | | | | | 100 000.00 | | 17 000.00 |
| 价税合计（大写） | ⊗壹拾壹万柒仟元整 | | | | （小写）¥117 000.00 | | |
| 销货单位 | 名　　称：中原市兴瑞有限公司<br>纳税人识别号：130403012340120<br>地址、电话：中原市复兴大街 24 号<br>开户行及账号：建行学步桥支行　0405007766110924508 | | | 备注 | | | |

第三联：发票联　购货方记账凭证

收款人：钱素雅　　复核：孙艺博　　开票人：赵红　　销货单位：（章）

**表 2－22**

1304091140　　　　　　　　**中原市增值税专用发票**　　　　　　　　№ 02476496

**抵　扣　联**　　　　中原市　国家税务总局监制

开票日期 2016 年 01 月 26 日

| | | | | | | | |
|---|---|---|---|---|---|---|---|
| 购货单位 | 名　　称：中原市晨光有限公司<br>纳税人识别号：130403340120012<br>地址、电话：中原市和平大街 8 号　79689716<br>开户行及账号：工行和平支行　0405001109245087766 | | | | 密码区 | （略） | |
| 货物或应税劳务名称 | 规格型号 | 单　位 | 数　量 | 单　价 | 金　额 | 税率 | 税　额 |
| H 材料 | | 千克 | 500 | 200.00 | 100 000.00 | 17% | 17 000.00 |
| 合　计 | | | | | 100 000.00 | | 17 000.00 |
| 价税合计（大写） | ⊗壹拾壹万柒仟元整 | | | | （小写）¥117 000.00 | | |
| 销货单位 | 名　　称：中原市兴瑞有限公司<br>纳税人识别号：130403012340120<br>地址、电话：中原市复兴大街 24 号<br>开户行及账号：建行学步桥支行　0405007766110924508 | | | | 备注 | 中原市兴瑞有限公司<br>130403012340120<br>发票专用章 | |

收款人：钱素雅　　　复核：孙艺博　　　开票人：赵红　　　销货单位：（章）

第二联：抵扣联　购货方扣税凭证

**表 2－23**

**出　　库　　单**

提货部门　　　　　　　　　　　年　　月　　日　　　　　　　　　　No. 1052305

| 产品 | | | 单位 | 数量 | 单价 | 成本总额 | | | | | | | 产品明细账 | | 说明 |
|---|---|---|---|---|---|---|---|---|---|---|---|---|---|---|---|
| 编号 | 名称 | 规格 | | | | 万 | 千 | 百 | 十 | 元 | 角 | 分 | 号 | 页 | |
| | | | | | | | | | | | | | | | |
| | | | | | | | | | | | | | | | |
| | | | | | | | | | | | | | | | |
| | | | | | | | | | | | | | | | |
| | | | | | | | | | | | | | | | |

部门主管：　　　会计：　　　记账：　　　保管：　　　提货人：　　　制单：

（9）30 日为奖励 10 名先进工作者，公司以生产的成本为 2 000 元的 10 台 M 产品作为福利发放给企业职工。M 产品的计税价格为每台 3 000 元。见表 2－24（其他账单格式省略）。

**表 2－24**

**出　　库　　单**

提货部门：厂长办公室　　　　　　2016 年 1 月 30 日　　　　　　No. 1052306

| 产品 | | | 单位 | 数量 | 单价 | 成本总额 | | | | | | | 产品明细账 | | 说明 |
|---|---|---|---|---|---|---|---|---|---|---|---|---|---|---|---|
| 编号 | 名称 | 规格 | | | | 万 | 千 | 百 | 十 | 元 | 角 | 分 | 号 | 页 | |
| 101 | M | | 台 | 10 | 3 000.00 | 3 | 0 | 0 | 0 | 0 | 0 | 0 | 25 | 12 | 福利 |
| | | | | | | | | | | | | | | | |
| | | | | | | | | | | | | | | | |
| | | | | | | | | | | | | | | | |
| | | | | | | | | | | | | | | | |

部门主管：张强　　　会计：赵思思　　　记账：李云鹏　　　保管：曾国庆　　　提货人：朱玉　　　制单：田世良

（10）31 日，经计算本月增值税的“销项税额”为 1 319 030 元、“进项税额”为 604 084 元、“进项税额转出”为 24 480 元；请确定本月应缴纳增值税额，并将其转入“应交税费——未交增值税”账户。

## 三、实训要求

1. 根据上述资料，做出相应的会计分录并填制记账凭证；
2. 计算本月应纳增值税；
3. 登记“应交税费——应交增值税”、“应交税费——未交增值税”明细账；
4. 填制一般纳税人增值税纳税申报表。

## 四、实训条件

1. 记账凭证（通用或专用记账凭证，凭证自备，格式附后）（见表 2－25）；
2. 增值税专用账页、三栏式应交税费账页（格式附后）（见表 2－26 至表 2－28）；
3. 一般纳税人增值税纳税申报表（附后）（见表 2－29）。

**表 2－25**　　**通用记账凭证**

年　月　日　　　　转字第　　号

| 摘　要 | 总账科目 | 明细科目 | √ | 借方金额 | | | | | | | | | √ | 贷方金额 | | | | | | | | |
|---|---|---|---|---|---|---|---|---|---|---|---|---|---|---|---|---|---|---|---|---|---|---|
| | | | | 千 | 百 | 十 | 万 | 千 | 百 | 十 | 元 | 角 | 分 | | 千 | 百 | 十 | 万 | 千 | 百 | 十 | 元 | 角 | 分 |
| | | | | | | | | | | | | | | | | | | | | | | | | |
| | | | | | | | | | | | | | | | | | | | | | | | | |
| | | | | | | | | | | | | | | | | | | | | | | | | |
| | | | | | | | | | | | | | | | | | | | | | | | | |
| | | | | | | | | | | | | | | | | | | | | | | | | |
| 合　计 | | | | | | | | | | | | | | | | | | | | | | | | |

附单据　张

财务主管　　记账　　出纳　　审核　　制单

**表 2－26**　　**应交税费　明细分类账**

＿＿＿＿＿＿科　目＿＿＿＿＿＿

| 年 | | 凭证号数 | 摘　要 | 对方科目 | 借　方 | | | | | | | | | | 贷　方 | | | | | | | | | | 借或贷 | 余　额 | | | | | | | | | |
|---|---|---|---|---|---|---|---|---|---|---|---|---|---|---|---|---|---|---|---|---|---|---|---|---|---|---|---|---|---|---|---|---|---|---|
| 月 | 日 | | | | 千 | 百 | 十 | 万 | 千 | 百 | 十 | 元 | 角 | 分 | 千 | 百 | 十 | 万 | 千 | 百 | 十 | 元 | 角 | 分 | | 千 | 百 | 十 | 万 | 千 | 百 | 十 | 元 | 角 | 分 |
| | | | | | | | | | | | | | | | | | | | | | | | | | | | | | | | | | | | |
| | | | | | | | | | | | | | | | | | | | | | | | | | | | | | | | | | | | |
| | | | | | | | | | | | | | | | | | | | | | | | | | | | | | | | | | | | |
| | | | | | | | | | | | | | | | | | | | | | | | | | | | | | | | | | | | |
| | | | | | | | | | | | | | | | | | | | | | | | | | | | | | | | | | | | |
| | | | | | | | | | | | | | | | | | | | | | | | | | | | | | | | | | | | |

**表 2－27**

### “应交税费——应交增值税”明细表

一级科目编号及名称：应交税费

二级科目编号及名称：应交增值税

| 年 | | 凭证 | | 摘要 | 借方 | | | | 贷方 | | | | | 借或贷 | 余额 |
|---|---|---|---|---|---|---|---|---|---|---|---|---|---|---|---|
| 月 | 日 | 种类 | 号数 | | 进项税额 | 已交税金 | 转出未交增值税 | 合计 | 销项税额 | 出口税额 | 进项税额转出 | 转出多交增值税 | 合计 | | |
| | | | | | | | | | | | | | | | |
| | | | | | | | | | | | | | | | |
| | | | | | | | | | | | | | | | |
| | | | | | | | | | | | | | | | |
| | | | | | | | | | | | | | | | |
| | | | | | | | | | | | | | | | |
| | | | | | | | | | | | | | | | |
| | | | | | | | | | | | | | | | |
| | | | | | | | | | | | | | | | |
| | | | | | | | | | | | | | | | |
| | | | | | | | | | | | | | | | |
| | | | | | | | | | | | | | | | |
| | | | | | | | | | | | | | | | |
| | | | | | | | | | | | | | | | |
| | | | | | | | | | | | | | | | |
| | | | | | | | | | | | | | | | |

**表 2-28**　　　　“应交税费——未交增值税”明细表

一级科目编号及名称：应交税费

二级科目编号及名称：未交增值税

| 年 | | 凭证号 | 摘　要 | 借　方 | 贷　方 | 借或贷 | 余　额 |
|---|---|---|---|---|---|---|---|
| 月 | 日 | | | | | | |
| | | | | | | | |
| | | | | | | | |
| | | | | | | | |
| | | | | | | | |
| | | | | | | | |
| | | | | | | | |
| | | | | | | | |
| | | | | | | | |

**表 2-29**　　　　**增 值 税 纳 税 申 报 表**

（适用于增值税一般纳税人）

根据《中华人民共和国增值税暂行条例》第二十二条和第二十三条的规定制定本表。纳税人不论有无销售额，均应按主管税务机关核定的纳税期限按期填报本表，并于次月一日起十五日内，向当地税务机关申报。

税款所属时间：自　　年　月　日至　　年　月　日　　填表日期：　年　月　日　　　　　　金额单位：元至角分

| | | | | | | | |
|---|---|---|---|---|---|---|---|
| 纳税人识别号 | | | | | | 所属行业： | |
| 纳税人名称 | （公章） | 法定代表人姓名 | | 注册地址 | | 营业地址 | |
| 开户银行及账号 | | 企业登记注册类型 | | | | 电话号码 | |

| | 项　目 | 栏　次 | 一般货物及劳务 | | 即征即退货物及劳务 | |
|---|---|---|---|---|---|---|
| | | | 本月数 | 本年累计 | 本月数 | 本年累计 |
| 销售额 | （一）按适用税率征税货物及劳务销售额 | 1 | | | | |
| | 其中：应税货物销售额 | 2 | | | | |
| | 应税劳务销售额 | 3 | | | | |
| | 纳税检查调整的销售额 | 4 | | | | |
| | （二）按简易征收办法征税货物销售额 | 5 | | | | |
| | 其中：纳税检查调整的销售额 | 6 | | | | |
| | （三）免、抵、退办法出口货物销售额 | 7 | | | — | — |
| | （四）免税货物及劳务销售额 | 8 | | | — | — |
| | 其中：免税货物销售额 | 9 | | | — | — |
| | 免税劳务销售额 | 10 | | | — | — |
| 税款计算 | 销项税额 | 11 | | | | |
| | 进项税额 | 12 | | | | |
| | 上期留抵税额 | 13 | | — | | — |
| | 进项税额转出 | 14 | | | | |

续表

| 项目 | | 栏次 | 一般货物及劳务 | | 即征即退货物及劳务 | |
|---|---|---|---|---|---|---|
| | | | 本月数 | 本年累计 | 本月数 | 本年累计 |
| 税款计算 | 免抵退货物应退税额 | 15 | | | — | — |
| | 按适用税率计算的纳税检查应补缴税额 | 16 | | | — | — |
| | 应抵扣税额合计 | 17 = 12 + 13 − 14 − 15 + 16 | | — | | — |
| | 实际抵扣税额 | 18（如 17 < 11，则为 17，否则为 11） | | | | |
| | 应纳税额 | 19 = 11 − 18 | | | | |
| | 期末留抵税额 | 20 = 17 − 18 | | — | | — |
| | 简易征收办法计算的应纳税额 | 21 | | | | |
| | 按简易征收办法计算的纳税检查应补缴税额 | 22 | | | — | — |
| | 应纳税额减征额 | 23 | | | | |
| | 应纳税额合计 | 24 = 19 + 21 − 23 | | | | |
| 税款缴纳 | 期初未缴税额（多缴为负数） | 25 | | | | |
| | 实收出口开具专用缴款书退税额 | 26 | | | — | — |
| | 本期已缴税额 | 27 = 28 + 29 + 30 + 31 | | | | |
| | ①分次预缴税额 | 28 | | — | | — |
| | ②出口开具专用缴款书预缴税额 | 29 | | — | — | — |
| | ③本期缴纳上期应纳税额 | 30 | | | | |
| | ④本期缴纳欠缴税额 | 31 | | | | |
| | 期末未缴税额（多缴为负数） | 32 = 24 + 25 + 26 − 27 | | | | |
| | 其中：欠缴税额（≥0） | 33 = 25 + 26 − 27 | | — | | — |
| | 本期应补（退）税额 | 34 = 24 − 28 − 29 | | — | | — |
| | 即征即退实际退税额 | 35 | — | — | | |
| | 期初未缴查补税额 | 36 | | | — | — |
| | 本期入库查补税额 | 37 | | | — | — |
| | 期末未缴查补税额 | 38 = 16 + 22 + 36 − 37 | | | — | — |

| | | | |
|---|---|---|---|
| 授权声明 | 如果你已委托代理人申报，请填写下列资料：<br>为代理一切税务事宜，现授权＿＿＿＿＿＿＿＿＿＿<br>（地址）＿＿＿＿＿＿＿＿＿＿为本纳税人的代理申报人，任何与申报表有关的往来文件，都可寄予此人。<br>授权人签字： | 申报人声明 | 此纳税申报表是根据《中华人民共和国增值税暂行条例》的规定填报的，是真实的、可靠的、完整的。<br>声明人签字： |

以下由税务机关填写：

收到日期：　　　　接收人：　　　　主管税务机关盖章：

# 第三章 DISANZHANG

# 消费税及其会计核算

## 第一节 消费税概述

### 单项选择题

1. 消费税是对（　　）的消费行为征收的一个税种。
   A. 一般消费品　　B. 特殊消费品
   C. 应税消费品　　D. 日常生活用品
2. 消费税属于（　　）。
   A. 财产税类　　B. 流转税类
   C. 所得税类　　D. 资源税类

### 多项选择题

1. 下列各项对消费税的基本特点表述正确的有（　　）。
   A. 国家选择一部分消费品征税
   B. 只在消费品的生产销售环节和进口环节征税
   C. 实行差别较大的比例税率或定额税率
   D. 消费税税源具有转嫁性
2. 消费税的立法宗旨是（　　）。
   A. 调节我国消费结构　　B. 正确引导消费方向
   C. 抑制超前消费　　D. 确保国家的财政收入

## 判断题

1. 征收增值税的产品一定还要再征收消费税。（　　）
2. 增值税的征收范围比消费税大，国家在征收增值税的产品中选择一部分征收消费税。（　　）
3. 为防止税款的流失，消费税在所有环节征税。（　　）

# 第二节　消费税的征收制度

## 单项选择题

1. 卷烟批发环节，加征（　　）的消费税。
A. 5%　　B. 10%　　C. 15%　　D. 20%
2. 金银首饰、钻石及钻石饰品消费税的征收环节为（　　）。
A. 生产环节　　B. 进口环节
C. 批发环节　　D. 零售环节
3. 下列产品不属于消费税征收范围的是（　　）。
A. 高档化妆品　　B. 鞭炮、焰火
C. 实木地板　　D. 香皂、肥皂
4. 纳税人自产自用消费品的纳税义务发生时间为（　　）。
A. 纳税人提货的当天　　B. 移送使用的当天
C. 发出应税消费品的当天　　D. 书面合同约定的收款日期当天
5. 委托加工应税消费品的材料成本是指委托方所提供加工材料的（　　）。
A. 实际成本　　B. 实际成本加运费、加工费
C. 计划成本　　D. 计划成本加运费、加工费

6. 某啤酒厂销售甲啤酒20吨给副食品公司，开具税控专用发票收取价款58 000元，收取包装物押金3 000元；销售乙啤酒10吨给宾馆，开具普通发票取得价款32 760元，收取包装物押金1 500元。该啤酒厂应缴纳的消费税是（　　）元。
A. 5 000　　B. 6 600
C. 7 200　　D. 7 500

## 多项选择题

1. 在消费税中适用复合计税的税目有（　　）。

A. 甲类卷烟、乙类卷烟　　B. 白酒

C. 黄酒、啤酒　　D. 汽油、柴油

2. 下列各项消费品采用定额税率缴纳消费税的有（　　）。

A. 甲类卷烟、乙类卷烟　　B. 白酒

C. 黄酒、啤酒　　D. 汽油、柴油

3. 下列各项属于消费税的计税方法的是（　　）。

A. 七级超额累进税率　　B. 从价定率

C. 从量定额　　D. 从价定率和从量定额复合计税

4. 纳税人用外购和委托加工的已税消费品生产应税消费品的，可以从其应纳消费税额中扣除当期生产领用的外购已税消费品的已纳消费税税额。下列各项适用此规定的有（　　）。

A. 已税烟丝为原料生产的卷烟

B. 已税化妆品为原料生产的化妆品

C. 已税鞭炮焰火为原料生产的鞭炮焰火

D. 已税杆头、杆身和握把为原料生产的高尔夫球杆

5. 下列各项关于纳税人自产应税消费品应纳消费税计算的描述正确的有（　　）。

A. 纳税人自产自用视同销售的应税消费品，用于连续生产应税消费品的不纳消费税

B. 纳税人自产自用视同销售的应税消费品，用于连续生产的应当缴纳消费税

C. 纳税人用于抵偿债务的应税消费品，应当按纳税人同类应税消费品的最高销售价格作为计税依据计算消费税

D. 纳税人用于抵偿债务的应税消费品，应当按纳税人本年度同类应税消费品的平均销售价格作为计税依据计算消费税

## 判断题

1. 委托加工应税消费品的，委托方和受托方均可成为消费税的纳税人。（　　）

2. 纳税人销售的应税消费品，以外汇结算销售额的，其销售额的人民币折合率必须使用结算当天的国家外汇牌价。（　　）

3. 委托个人加工的应税消费品，由委托方向其机构所在地或者居住地主管税务机关申报纳税。（　　）

4. 消费税的纳税期限分别为 1 日、5 日、10 日和 1 个季度。（　　）

5. 纳税人进口应税消费品的纳税义务发生时间，为报关进口的当天。（　　）

6. 实行复合计税办法计算消费税的公式为：应纳税额 = 销售额 × 比例税率 + 销售数量 × 定额税率。（　　）

7. 应税消费品连同包装物销售的，如果包装物不单独计价，则不必把包装物并入销售额计税。 （ ）

8. 进口的应税消费品，由进口人或者其代理人向报关地海关申报纳税。 （ ）

9. 如果委托加工的应税消费品没有同类销售价格，可以按照材料成本加上加工费来确认。 （ ）

10. 进口的应税消费品的组成计税价格 = （关税完税价格 + 关税） ÷ （1 + 消费税比例税率）。 （ ）

## 实务题

1. 石林公司在本月召开的订货会上，用本企业生产的卷烟 50 条招待用户，每条不含税销售额 200 元，比例税率为 56%，每条定额税 150 元。请计算出应纳的消费税额。

2. 麒麟石化公司本月销售无铅汽油 50 吨（每吨 1 388 升），柴油 60 吨（每吨 1 176 升）。无铅汽油不含税销售价格为 2 400 元/吨，柴油不含税销售价格为 1 800 元/吨。款项已收到并存入银行。请计算出应纳的消费税额。

3. 培高酒元酒业公司本月销售粮食白酒一批，同时收取包装物押金 2 340 元。请计算出包装物应纳的消费税额。

4. 甲化妆品有限公司委托乙化妆品厂加工高档化妆品一批，发出材料成本 45 500 元，该公司支付加工费 14 000 元，增值税 2 380 元，收回时支付运费 1 500 元。该批化妆品收回后用于连续生产其他化妆品，并全部实现对外销售，不含税销售收入为 16 万元。请计算出应纳的消费税额。

5. 某公司当月销售气缸容量 400 毫升的摩托车 10 辆，每辆不含税售价为 15 000 元，货款尚未收到，摩托车每辆成本 7 000 元，适用消费税率为 10%。请计算出应纳的消费税额。

## 第三节　消费税的会计核算方法及申报与缴纳

### 单项选择题

1. 企业将生产的应税消费品直接对外销售时，应按照应纳消费税额借记的账户是（　　）。

A. “主营业务成本”　　B. “主营业务收入”

C. “税金及附加”　　D. “应交税费——应交消费税”

2. 需要缴纳消费税的委托加工应税消费品，于委托方提货时由受托方代收代缴消费税，受托方按应收税款金额贷记的账户是（　　）。

A. “应收账款”　　B. “银行存款”

C. “应交税费——应交消费税”　　D. “税金及附加”

### 多项选择题

1. 消费税的纳税申报表包括（　　）和其他应税消费品消费税纳税申报表。

A. 成品油消费税纳税申报表　　B. 烟类应税消费品消费税纳税申报表

C. 汽车消费税纳税申报表　　D. 酒及酒精消费税纳税申报表

2. 委托加工应税消费品收回后，直接用于对外销售的，委托方应将代扣代缴的消费税记入应税消费品的成本，借方应记的账户可能有（　　）。

A. “委托加工物资”　　B. “生产成本”

C. “自制半成品”　　D. “应付账款”

## 判断题

1. 企业已销售出去的应税消费品发生销售退回和退税时，对消费税的会计处理为：借记“应交税费——应交消费税”账户，贷记“主营业务成本”账户。（　　）

2. 对会计核算不健全的小型企业，税务机关可根据其产销情况，按季或按年核定应纳消费税额，分月缴纳。（　　）

## 实务题

1. 广州市金威摩托集团公司 2 月份销售摩托车 100 台，每部售价 2 万元（不含增值税），货款未收。摩托车每台成本为 1 万元；适用消费税率 10%。请做出相应账务处理。

2. 嘉城汽车制造公司用自产乘用车 8 辆投资于某客运公司，按规定这 8 辆小车共应缴纳消费税额 4 万元。请做出相应账务处理。

3. 迪奥化妆品公司向万达商业广场销售高级化妆品一批，所用包装物单独计价，按规定应缴纳消费税税额 2 000 元。请做出相应账务处理。

4. 长安汽车制造厂将自产的乘用车留厂自用，该车销售价 80 000 元，规定税率 9%，应纳消费税为 7 200 元，请做出相应的账务处理。

5. 康健高尔夫球具用品有限公司生产销售一批高尔夫球具，开出的专用发票列明价款 100 万元，开出的普通发票价税合计 58.5 万元，请计算应交的消费税额并进行相应的账务处理。

# 第四章 DISIZHANG

# 附加税与烟叶税及其会计核算

## 第一节　城市维护建设税的申报及缴纳

### 单项选择题

1. 位于中原市的卷烟生产企业委托设在县城的烟丝加工厂加工一批烟丝，提货时，加工厂代收代缴的消费税为 1 600 元，其城建税按以下办法处理（　　）。

A. 在烟丝加工厂所在地缴纳城建税 80 元

B. 在烟丝加工厂所在地缴纳城建税 112 元

C. 在卷烟厂所在地缴纳城建税 80 元

D. 在卷烟厂所在地缴纳城建税 112 元

2. 中原市一生产企业为增值税一般纳税人。本期进口原材料一批，向海关缴纳进口环节增值税 10 万元；本期在国内销售甲产品缴纳增值税 30 万元、消费税 50 万元，消费税滞纳金 1 万元；该企业本期应缴纳城市建设维护税（　　）万元。

A. 4.55　　B. 4　　C. 4.25　　D. 5.6

3. 万达商场位于河北省邯郸市，其缴纳城市维护建设税的税率为（　　）。

A. 7%　　B. 5%　　C. 3%　　D. 1%

4. 根据现行规定，关于城建税的减免规定，下列表述正确的是（　　）。

A. 对海关进口产品征收的增值税、消费税，应征收城建税

B. 对下岗失业人员从事个体经营（除建筑业、娱乐业以及广告业、桑拿、按摩、网吧、氧吧外），自领取税务登记证之日起，3 年内免征城市维护建设税

C. 对出口产品退还增值税、消费税的，可以同时退还已征的城建税

D. 对因减免增值税、消费税而发生的退税，不可以同时退还已征的城建税

5. 地处市区的某内资企业为增值税一般纳税人，主要从事货物的生产与销售。2016 年

1 月按规定缴纳增值税 100 万元，同时补交上一年增值税 10 万元及相应的滞纳金 1.595 万元、罚款 20 万元。该企业本月应缴纳城市维护建设税（　　）万元

A. 5.50　　B. 7.00　　C. 7.70　　D. 9.17

6. 关于城市维护建设税的说法，正确的是（　　）。

A. 某公司应缴纳增值税 30 万元，实际缴纳增值税 20 万元，该公司以 30 万元为计税依据缴纳城市维护建设税

B. 张刚下岗失业后开小吃店，10 月 8 日领取税务登记证，10 月 8 日起缴纳城市维护建设税

C. 海航公司进口铁矿石缴纳增值税 80 万元，应同时按 7% 缴纳城市维护建设税

D. 海尔公司出口电视机已退增值税 60 万元，但已缴纳的城市维护建设税不予退还

7. 以下企业应当按 1% 税率缴纳城市维护建设税的有（　　）。

A. 地处市区的食品企业　　B. 地处县城的木器厂

C. 地处工矿区的煤窑　　D. 地处农村的村办玻璃厂

8. 华光公司位于威县县城，3 月份应缴纳增值税 200 万元，其应缴纳的城市维护建设税是（　　）。

A. 14 万元　　B. 6 万元　　C. 10 万元　　D. 2 万元

## 多项选择题

1. 根据相关规定，下列属于城市维护建设税的特点的有（　　）。

A. 税款专款专用，具有受益税性质　　B. 实行从量定额征收

C. 征收范围广　　D. 根据城镇规模设计税率

2. 根据现行规定，下列关于城市维护建设税的说法中正确的有（　　）。

A. 海关对进口产品代征消费税的，不代征城市维护建设税

B. 对于减免增值税、消费税而发生退税的，可以同时退还已征收的城市维护建设税

C. 出口产品退还增值税、消费税的，同时退还已经征收的城市维护建设税

D. 学校办企业符合免征增值税或营业税的，同时免征城市维护建设税

3. 下列各项中，可以作为城市维护建设税计征依据的是（　　）。

A. 纳税人滞纳增值税而加收的滞纳金

B. 纳税人实际缴纳的增值税

C. 纳税人偷逃增值税被处的罚款

D. 纳税人被查补的税款

4. 市区东风制药厂为一般纳税人，2 月份经营缴纳增值税 130 万元，补缴上月漏缴的增值税 55.8 万元；本月又转让一项药剂生产技术，收取款项 50 万元。则下列说法正确的是（　　）。

A. 本月经营应缴纳城建税 9.1 万元

B. 本月转让药剂技术应缴纳城建税 0.21 万元

C. 本月应补缴城建税 3.906 万元

D. 本月应补缴城建税 2.79 万元

5. 以下单位本年发生的下列行为中，需要缴纳城建税的有（ ）。

A. 事业单位出租房屋行为　B. 企业购买房屋行为

C. 油田开采天然原油并销售行为　D. 外商投资企业销售货物行为

6. 下列各项中，符合城建税规定的有（ ）。

A. 纳税人因偷漏增值税而加收的滞纳金、罚款，一并计入城市维护建设税的计税依据

B. 因减免增值税而退库的，相应的城建税可以同时退还

C. 对出口产品退还增值税、消费税，不退还城建税

D. 海关对进口货物征收增值税、消费税，不征收城建税

7. 关于城市维护建设税，下列说法正确的是（ ）。

A. 纳税人直接缴纳增值税、消费税的，在缴纳地缴纳城市维护建设税

B. 开发海上石油资源的中外合作油气田所在地在海上，其应纳城市维护建设税的税率适用 1%

C. 由受托方代收代扣三税的，城市维护建设税适用受托方所在地税率

D. 企业销售商品应缴纳的城市维护建设税应通过税金及附加科目核算

8. 关于城市维护建设税的适用税率，下列表述正确的有（ ）。

A. 按纳税人所在地区的不同，设置了三档地区差别比例税率

B. 由受托方代收、代扣“增值税、消费税”的，可按纳税人所在地的规定税率就地缴纳城市维护建设税

C. 流动经营等无固定纳税地点的纳税人可按纳税人缴纳增值税、消费税所在地的规定税率就地缴纳城市维护建设税

D. 纳税人地处工矿区的，按 3% 的税率缴纳城市维护建设税

## 判断题

1. 增值税纳税人当月有未抵扣完的进项税，就不缴纳城建税了。（ ）

2. 纳税人在被查补“增值税”和被处理罚款时，不再对其偷漏的城建税进行补税和罚款。（ ）

3. 除另有规定外，对出口商品退还增值税、消费税的，不再退还已缴纳的城建税。（ ）

4. 减免增值税、消费税的同时，也减免城建税。（ ）

5. 一切缴纳增值税、消费税的纳税义务人，也是城建税的纳税义务人。（ ）

6. 城建税的适用税率一律按纳税人所在地规定执行。（ ）

7. 城建税的纳税义务发生时间与纳税期限和增值税、消费税一致。（ ）

8. 企业出租土地使用权应缴纳的城建税应通过其他业务成本科目核算。（ ）

## 第二节　教育费附加的申报及缴纳

### 单项选择题

1. 华光公司位于威县县城，3 月份应缴纳增值税 200 万元，其应缴纳的教育费附加是（　　）。

A. 14 万元　　B. 6 万元　　C. 10 万元　　D. 2 万元

2. 中原市一生产企业为增值税一般纳税人。本期进口原材料一批，向海关缴纳进口环节增值税 10 万元；本期在国内销售甲产品缴纳增值税 30 万元、消费税 50 万元，增值税滞纳金 10 万元；该企业本期应缴纳的教育费附加（　　）万元。

A. 2.4　　B. 4　　C. 2.7　　D. 5.6

3. 位于中原市的卷烟生产企业委托设在县城的烟丝加工厂加工一批烟丝，提货时，加工厂代收代缴的消费税为 1 600 元，其教育费附加按以下办法处理（　　）。

A. 在烟丝加工厂所在地缴纳教育费附加 48 元

B. 在烟丝加工厂所在地缴纳教育费附加 32 元

C. 在卷烟厂所在地缴纳教育费附加 48 元

D. 在卷烟厂所在地缴纳教育费附加 32 元

4. 根据现行规定，关于教育费附加的减免规定，下列表述不正确的是（　　）。

A. 海关对进口产品代征消费税的，不代征教育费附加

B. 对于减免增值税、消费税而发生退税的，可以同时退还已征收的教育费附加

C. 出口产品退还增值税、消费税的，同时退还已经征收的教育费附加

D. 学校办企业符合免征增值税的，同时免征教育费附加

5. 华天环保设备有限公司为增值税一般纳税人，主要从事货物的生产与销售。1 月份按规定缴纳增值税 100 万元，同时补交上一年增值税 20 万元及相应的滞纳金 1.595 万元、罚款 20 万元。该企业本月应缴纳教育费附加（　　）万元

A. 5.2　　B. 7.00　　C. 3.6　　D. 9.17

6. 关于教育费附加的说法，正确的是（　　）。

A. 某公司应缴纳增值税 30 万元，实际缴纳增值税 20 万元，该公司以 30 万元为计税依据缴纳教育费附加

B. 张刚下岗失业后开小吃店，10 月 8 日领取税务登记证，10 月 8 日起缴纳教育费附加

C. 海航公司进口铁矿石缴纳增值税 80 万元，应同时按 3% 缴纳教育费附加

D. 海尔公司出口电视机已退增值税 60 万元，但已缴纳的教育费附加不予退还

## 多项选择题

1. 关于教育费附加，下列说法正确的有（　　）。

A. 纳税人直接缴纳增值税、消费税的，在缴纳地缴纳教育费附加

B. 中国铁路总公司应纳教育费附加汇总在北京缴纳

C. 由受托方代收代缴消费税的，教育费附加在受托方所在地缴纳

D. 转让无形资产所有权缴纳的教育费附加应计入营业外支出科目

2. 根据现行规定，下列关于教育费附加的说法中正确的有（　　）。

A. 海关对进口产品代征消费税的，不代征教育费附加

B. 对于减免增值税、消费税而发生退税的，可以同时退还已征收的教育费附加

C. 出口产品退还增值税、消费税的，同时退还已经征收的教育费附加

D. 学校办企业符合免征增值税的，同时免征教育费附加

3. 下列各项中，可以作为教育费附加计征依据的是（　　）。

A. 纳税人滞纳增值税而加收的滞纳金　　B. 纳税人实际缴纳的增值税

C. 纳税人偷逃增值税被处的罚款　　D. 纳税人被查补的税款

4. 东风制药厂为一般纳税人，2 月份经营缴纳增值税 100 万元，补缴上月漏缴的增值税 60 万元；则下列说法正确的是（　　）。

A. 本月经营应缴纳教育费附加 3 万元

B. 本月应缴纳教育费附加 4.8 万元

C. 本月补缴增值税不用补缴教育费附加

D. 本月补缴增值税应补缴的教育费附加 1.8 万元

5. 以下单位发生的下列行为中，需要缴纳教育费附加的有（　　）。

A. 事业单位出租房屋行为　　B. 企业购买房屋行为

C. 油田开采天然原油并销售行为　　D. 外商投资企业销售货物行为

6. 下列各项中，符合教育费附加规定的有（　　）。

A. 纳税人偷漏增值税而加收的滞纳金、罚款，一并计入教育费附加的计税依据

B. 因减免消费税而退库的，相应的教育费附加可以同时退还

C. 对出口产品退还增值税、消费税，不退还教育费附加

D. 海关对进口货物征收增值税、消费税，不征收教育费附加

## 判断题

1. 增值税纳税人当月有未抵扣完的进项税，就不缴纳教育费附加了。　　（　　）

2. 纳税人在被查补增值税和被处理罚款时，不再对其偷漏的教育费附加进行补税和罚款。　　（　　）

3. 除另有规定外，对出口商品退还增值税、消费税的，不再退还已缴纳的教育费附加。（　）

4. 减免增值税、消费税的同时，也减免教育费附加。（　）

5. 一切缴纳增值税、消费税的纳税义务人，也是教育费附加的纳税义务人。（　）

6. 公司出售固定资产缴纳的教育费附加应通过“税金及附加”科目核算。（　）

7. 教育费附加的纳税义务发生时间与纳税期限和增值税、消费税一致。（　）

8. 企业销售商品应缴纳的教育费附加应通过“主营业务税金及附加”科目核算。（　）

## 第三节　烟叶税

### 单项选择题

1. 烟叶税的计税依据为（　）。
A. 销售金额　B. 收购金额　C. 增值税额　D. 消费税额

2. 烟叶收购企业收购烟叶应缴纳的烟叶税应记入（　）账户。
A. “税金及附加”　B. “营业外支出”
C. “其他业务支出”　D. “原材料成本”

3. 烟叶收购企业缴纳的烟叶税的税率为（　）。
A. 10%　B. 20%
C. 7%　D. 依据纳税人所处位置确定

### 判断题

1. 烟叶税的纳税人为销售烟叶的农户。（　）

2. 烟叶税的计税依据是烟叶收购金额，包括纳税人支付给烟叶销售者的销售价款和价外补贴。（　）

3. 烟叶税的计税依据中纳税人支付给烟叶销售者的价外补贴，依据实际数额确定。（　）

4. 烟叶收购企业缴纳的烟叶税可以作为烟叶按13%计算进项税额的依据 。（　）

# 第五章 DIWUZHANG

# 企业所得税及其会计核算

## 第一节　企业所得税的征收制度

### 单项选择题

1. 我国现行企业所得税基本税率是（　　）。

A. 33%　　B. 25%　　C. 20%　　D. 15%

2. 企业所得税的征税对象是（　　）。

A. 收入额　　B. 销售额

C. 应纳税所得额　　D. 利润额

3. 根据《企业所得税法》的规定，下列关于居民企业和非居民企业的说法，正确的是（　　）。

A. 只有依照中国法律成立的企业才是居民企业

B. 依照外国法律成立，实际管理机构在中国境内的企业是非居民企业

C. 在境外成立的企业都是非居民企业

D. 在中国境内设立机构、场所且在境外成立其实际管理机构不在中国境内的企业是非居民企业

4. 根据《企业所得税法》及其《实施条例》的规定，（　　）不是企业所得税纳税人。

A. 石家庄市热电厂　　B. 个人独资性质的某餐饮中心

C. 石家庄市商业银行股份有限公司　　D. 荆江房地产开发有限公司

5. 根据《企业所得税法》的规定，非居民企业在中国境内未设立机构、场所的，或者虽设立机构、场所但取得的所得与其所设机构、场所没有实际联系的，应当就其来源于中国境内的所得缴纳企业所得税，适用税率为（　　）。

A. 25%　　B. 20%　　C. 15%　　D. 10%

6. 根据《企业所得税法》及其《实施条例》的规定，小型微利企业，是指从事国家非限制和禁止行业，并符合（　　）条件的企业。

A. 工业企业，年度应纳税所得额不超过 30 万元，从业人员不超过 80 人，资产总额不超过 3 000 万元

B. 工业企业，年度应纳税所得额不超过 30 万元，从业人员不超过 100 人，资产总额不超过 3 000 万元

C. 工业企业，年度应纳税所得额不超过 30 万元，从业人员不超过 100 人，资产总额不超过 1 000 万元

D. 其他企业，年度应纳税所得额不超过 30 万元，从业人员不超过 80 人，资产总额不超过 3 000 万元

7. 企业发生的公益性捐赠支出，在年度利润总额（　　）以内的部分，准予在计算应纳税所得额时扣除。

A. 3%　　B. 10%　　C. 12%　　D. 20%

8. 在计算应纳税所得额时，不得扣除的支出有（　　）。

A. 成本　　B. 费用　　C. 损失　　D. 企业所得税税款

9. 纳税人职工工会经费、职工福利费、职工教育经费，分别按照计税工资总额的（　　）计算扣除。

A. 2%、14%、2.5%　　B. 2%、14%、1.5%

C. 3%、14%、1.5%　　D. 2%、12%、1.5%

10. 根据《企业所得税法》及其《实施条例》规定，符合条件的小型微利企业，按（　　）税率征收企业所得税。

A. 10%　　B. 15%　　C. 20%　　D. 25%

11. 根据《企业所得税法》及其《实施条例》的规定，企业纳税年度发生亏损，准予向以后年度结转，用以后年度的所得弥补，但结转年限最长不得超过（　　）。

A. 5 年　　B. 3 年　　C. 10 年　　D. 无限期

12. 根据《企业所得税法》及其《实施条例》的规定，下列表述错误的是（　　）。

A. 企业发生的合理的劳动保护支出，准予扣除

B. 企业之间支付的管理费，不得扣除

C. 企业内营业机构之间支付的租金和特许权使用费，不得扣除

D. 非银行企业内营业机构之间支付的利息，准予扣除

13. 根据《企业所得税法》的规定，以下各项中属于在计算所得税时可以扣除的公益救济性捐赠的有（　　）。

A. 纳税人直接捐给汶川灾区的钢材

B. 纳税人直接捐给曙光小学的电脑

C. 纳税人通过红十字会捐给灾区的药品

D. 纳税人春节捐给贫困农户的慰问品

14. 甲公司本年 1 月外购一台机器设备，支付购买价款 20 万元，支付的相关税费 4 万元，取得了相关发票，假设该机器设备净残值率为 0，使用年限为 10 年，企业采用直线法提取折旧，税法准予扣除的本年度折旧额为（　　）万元。

A. 2　　B. 2.4　　C. 2.2　　D. 2.09

15. 某工业企业，本年度实现销售收入5 000万元，实际列支业务招待费45万元，该企业按照税法规定准予扣除业务招待费为（　　）万元。

A. 25　　B. 27　　C. 18　　D. 20

16. 某企业上年度销售收入2 000万元，广告费支出320万元，业务宣传费8万元；本年度销售收入6 000万元，发生广告费400万元，业务宣传费60万元，则本年该企业广告费及业务宣传费共计可扣除（　　）万元。

A. 460　　B. 488　　C. 420　　D. 480

17. 某公司从事的A市节能节水工程是符合《企业所得税法实施条例》条件的节能节水项目，其取得第一笔收入的时间是2010年3月30日，其2013年的应纳税所得额是40万元，其2013年度应该缴纳的企业所得税为（　　）万元。

A. 10　　B. 9　　C. 7　　D. 5

18. 某企业向本单位职工集资100万元，集资的年利息为10%，集资使用期限9个月，同期银行的贷款利率为4.8%，企业计算应纳税所得额时，准予扣除的利息费用限额为（　　）万元。

A. 4.8　　B. 7.5　　C. 10　　D. 3.6

19. 某企业本年度会计利润为40万元。经某注册税务师审核，“营业外支出”中列支有公益性捐赠10万元。企业应缴纳所得税为（　　）万元。

A. 12.5　　B. 11.3　　C. 7.5　　D. 9.7

20. 某公司本年实现销售收入1 000万元，发生的销售成本600万元，财务费用和管理费用共计200万元，上缴增值税30万元，消费税、城市维护建设税和教育费附加共计70万元，公益性捐赠10万元。该年度应缴纳的企业所得税为（　　）万元。

A. 30　　B. 22.5　　C. 32.5　　D. 25

## 多项选择题

1. 根据《企业所得税法》及其《实施条例》的规定，下列是企业所得税纳税人的有（　　）。

A. 个人独资企业　　B. 合伙企业

C. 私营企业　　D. 中外合资经营企业

2. 根据《企业所得税法》及其《实施条例》的规定，企业每一纳税年度的收入总额，减除（　　）后的余额，为应纳税所得额。

A. 不征税收入　　B. 免税收入

C. 各项扣除　　D. 弥补的以前年度亏损

3. 《企业所得税法》及其《实施条例》中规定，收入总额是企业以货币形式和非货币形式从各种来源取得的收入，包括（　　）。

A. 利息收入　　B. 租金收入

C. 特许权使用费收入　　D. 接受捐赠收入

4. 企业实际发生的与取得收入有关的、合理的支出，包括（　　），准予在计算应纳税所得额时扣除。

A. 成本　　B. 费用　　C. 税金　　D. 损失

5. 在计算应纳税所得额时，不得扣除的支出有（　　）。

A. 赞助支出　　B. 未经核定的准备金支出

C. 与取得收入无关的其他支出　　D. 公益性捐赠支出以外的捐赠支出

6. 《企业所得税法》及其《实施条例》中规定企业的固定资产，包括（　　）。

A. 企业的房屋　　B. 企业的建筑物

C. 企业的机器　　D. 企业的机械

7. 按照《企业所得税法》及其《实施条例》的规定，下列有关无形资产的表述正确的有（　　）。

A. 无形资产按照直线法计算的摊销费用，准予扣除

B. 无形资产的摊销年限不得低于 10 年

C. 作为投资的无形资产，有关法律规定或者合同约定了使用年限的，可以按照规定或者约定的使用年限分期摊销

D. 自创商誉的支出，在企业整体转让或者清算时，准予扣除

8. 按照《企业所得税法》及其《实施条例》的规定，下列项目中，属于不征税收入的有（　　）。

A. 财政拨款

B. 依法收取并纳入财政管理的行政事业性收费、政府性基金

C. 国债利息收入

D. 居民企业直接投资于居民企业取得的投资收益

9. 下列（　　）支出准予在计算应纳税所得额时扣除。

A. 棉纺厂支付给生产工人的工资

B. 支付棉纺厂车间主任因个人原因发生的法律诉讼费

C. 棉纺厂支付给销售人员的差旅费

D. 棉纺厂缴纳的增值税税款

10. 按照《企业所得税法》及其《实施条例》的规定，下列表述错误的有（　　）。

A. 甲公司本年度通过市政府向某村小学捐赠现金 30 万元，本年的会计利润为 100 万元，则本年该公司的公益救济性捐赠支出的企业所得税税前最高扣除限额为 3.9 万元

B. 甲公司本年度通过市政府向某村小学捐赠现金 30 万元，本年的会计利润为 100 万元，则本年该公司的公益救济性捐赠支出的企业所得税税前最高扣除限额为 12 万元

C. 甲公司本年度通过市政府向某村小学捐赠现金 30 万元，本年的会计利润为 100 万元，则本年该公司的公益救济性捐赠支出的企业所得税税前最高扣除限额为 30 万元

D. 甲公司上年度通过市政府向某村小学捐赠现金 30 万元，本年的会计利润为 100 万元，则该笔公益救济性捐赠支出可在本年的企业所得税税前再扣除 12 万元

## 判断题

1. 企业所得税基本税率为20%。（  ）

2. 企业所得税的纳税人分为居民企业和非居民企业。（  ）

3. 根据《企业所得税法》的规定，租金收入，按照实际收取租金的日期确认收入的实现。（  ）

4. 企业以现金等非转账方式支付的手续费及佣金不得在税前扣除。（  ）

5. 企业发生的职工福利费支出，不超过计税工资14%的部分，准予扣除。（  ）

6. 企业发生的与生产经营活动有关的业务招待费支出，按照实际发生额扣除，但最高不得超过当年销售（营业）收入的5‰。（  ）

7. 企业为投资者或者职工支付的商业保险费可以在税前直接扣除。（  ）

8. 在计算企业所得税应纳税所得额时，非广告性质的赞助支出不得在企业所得税税前扣除。（  ）

9. 确实无法偿付的应付款项应计入企业所得额征税。（  ）

10. 企业从事国家重点扶持的公共基础设施项目投资经营所得，可以按规定免征或减征企业所得税。（  ）

## 实务题

1. 环宇机械制造有限公司于2009年5月注册成立进行生产经营，系增值税一般纳税人，2013—2015年度纳税调整后所得额分别为－1 420万元、－1 000万元、320万元。2016年度生产经营情况如下：

（1）销售产品取得不含税收入9 000万元。

（2）产品销售成本3 300万元。

（3）销售税金及附加200万元。

（4）销售费用1 000万元（其中广告费350万元）；财务费用200万元。

（5）管理费用1 200万元（其中业务招待费85万元；符合加计扣除条件的新产品研究开发费30万元）。

（6）营业外支出800万元（其中通过政府部门向贫困地区捐款150万元，已专项申报的固定资产处置净损失600万元，赞助支出50万元）。

（7）全年提取并实际支付工资1 000万元、计提职工工会经费25万元、职工教育经费20万元、职工福利费150万元且均实际支出。

（8）2016年度已预缴企业所得税90万元。

**要求：**

（1）计算该企业2016年度的利润总额；

（2）计算该企业2016年度汇算清缴时应纳税调整的项目；

（3）计算该企业2016年度纳税调整后的所得额；

（4）计算该企业2016年度可以弥补的亏损；

（5）计算该企业2016年度实际应纳企业所得税额；

（6）计算该企业2016年度汇算清缴时应补缴的企业所得税额。

2. 新鑫有限责任公司系一家中外合资的家电生产企业，本年销售产品取得不含税收入2 500万元，会计利润600万元，已预缴所得税150万元。经税务师事务所审核，发现以下问题：

（1）期间费用中广告费450万元、业务招待费15万元；

（2）营业外支出50万元（含通过公益性社会团体向贫困山区捐款30万元，直接捐赠6万元，税收滞纳金14万元）；

（3）计入成本、费用中的实发工资总额150万元、拨缴职工工会经费3万元、支付职工福利费25万元和职工教育经费4万元。

**要求**：根据上述资料，回答下列问题：

（1）计算职工会经费、职工福利费和职工教育经费应调整的应纳税所得额；

（2）计算业务招待费用应调整的应纳税所得额；

（3）计算业务宣传费应调整的应纳税所得额；

（4）计算公益性捐赠支出应调整的应纳税所得额；

（5）计算除公益性捐赠以外的其他营业外支出的项目应调整的应纳税所得额；

（6）计算该企业本年应纳税所得额；

（7）计算审计后该企业本年度应补缴的企业所得税。

## 第二节　企业所得税的会计核算

### 单项选择题

1. 企业应当按照企业所得税法规定计算的当期应纳税额，确认所得税费用时，借记（　　）账户，贷记“应交税费——应交所得税”账户。

A. “本年利润”　　B. “利润分配”

C. “所得税费用”　　D. “税金及附加”

2. 某企业核定的全年业务招待费10万元，根据税法规定可税前扣除的业务招待费3万元。该公司固定资产折旧采用双倍余额递减法，本年折旧额60万元，按照税法规定采用直线法，本年折旧额为50万元。本年度税前会计利润183万元，无其他纳税调整事项，企业所得税率25%。该企业在会计上应确认（　　）所得税费用。

A. 50万元　　B. 45.6万元　　C. 45万元　　D. 47.5万元

### 判断题

1. 所得税费用是指企业按照《企业所得税法》规定计算的当期应纳税所得额与适用所得税税率为基础来确认的、应从当期利润总额中扣除的所得税费用。（　　）

2. 企业在计算应交所得税时，应按税法规定对税前会计利润进行调整，再按调整后的应纳税所得额计算出本期应交所得税。（　　）

## 第三节　企业所得税纳税申报

### 单项选择题

1. 企业所得税分月或者分季预缴。企业应当自月份或者季度终了之日起（　　）日内，向税务机关报送预缴企业所得税纳税申报表，预缴税款。

A. 10　　B. 15　　C. 45　　D. 60

2. 根据《企业所得税法》及其《实施条例》规定，企业应当自年度终了之日起（　　）

个月内，向税务机关报送年度企业所得税纳税申报表，并汇算清缴，结清应缴应退税款。

A. 2　　B. 3　　C. 4　　D. 5

3. 根据《企业所得税法》及其《实施条例》规定，企业在年度中间终止经营活动的，应当自实际经营终止之日起（　　）日内，向税务机关办理当期企业所得税汇算清缴。

A. 10　　B. 15　　C. 45　　D. 60

4. 企业所得税分月或者分季预缴，由（　　）具体核定。

A. 企业　　B. 财政机关　　C. 税务机关　　D. 海关

5. 根据《企业所得税法》及其《实施条例》规定，关于纳税年度，下列表述不正确的是（　　）。

A. 纳税年度自公历 1 月 1 日起至 12 月 31 日止

B. 企业在一个纳税年度中间开业，使该纳税年度的实际经营期不足 12 个月的，应当以其经营期或 12 个月为一个纳税年度

C. 企业在一个纳税年度中间终止经营活动，使该纳税年度的实际经营期不足 12 个月的，应当以其经营期为一个纳税年度

D. 企业依法清算时，应当以清算期间作为一个纳税年度

## 判断题

1. 企业自年度终了之日起 4 个月内，向税务机关报送年度企业所得税纳税报表，并汇算清缴，结清应缴应退税款。（　　）

2. 企业在年度中间终止经营活动的，应当自实际经营终止之日起 30 日内，向税务机关办理当期企业所得税汇算清缴。（　　）

3. 企业所得税按年计征，分月或者分季预缴，年终汇算清缴，多退少补。（　　）

4. 企业所得税按纳税年度计算。纳税年度自公历 1 月 1 日起至 12 月 31 日止。（　　）

5. 企业依法清算时，应当以清算期间作为一个纳税年度。（　　）

6. 企业所得税分月预缴，企业应当自月份终了之日起 10 日内，向税务机关报送预缴企业所得税纳税申报表，预缴税款。（　　）

7. 企业所得税分月或者分季预缴，由税务机关具体核定。（　　）

8. 企业所得税预缴方法一经确定，以后不得变更。（　　）

## 实务题

新华制造厂为查账征收企业，纳税人识别号为 250201219875120，企业所得税分季度预缴，请你以该企业财务科税务会计的身份，完成下列任务：

1. 根据 2016 年 3 月利润表（见表 5－1）填报“企业所得税月（季）度预缴纳税申报表（A 类）”（见表 5－2）；

2. 做出 2016 年第一季度预缴企业所得税的账务处理。

**表 5-1** 利 润 表

会小企 02 表

编制单位：新华制造厂 2016 年 3 月 单位：元

| 项 目 | 行次 | 本年累计金额 | 本月金额 |
|---|---|---|---|
| 一、营业收入 | 1 | 16 337 925.00 | — |
| 减：营业成本 | 2 | 8 590 556.73 | — |
| 税金及附加 | 3 | 1 786 643.05 | — |
| 销售费用 | 11 | 209 263.20 | — |
| 管理费用 | 14 | 290 678.79 | — |
| 财务费用 | 18 | 37 083.00 | — |
| 加：投资收益（损失以“-”号填列） | 20 | 1 120.50 | — |
| 二、营业利润（亏损以“-”号填列） | 21 | 5 412 620.73 | — |
| 加：营业外收入 | 22 | 5 000.00 | — |
| 减：营业外支出 | 24 | 7 846.15 | — |
| 三、利润总额（亏损总额以“-”号填列） | 30 | 5 409 774.58 | — |

**表 5-2** **中华人民共和国企业所得税月（季）度预缴纳税申报表（A 类）**

税款所属期间： 年 月 日至 年 月 日

纳税人识别号：□□□□□□□□□□□□□□□□□□

纳税人名称： 金额单位：人民币元（列至角分）

| 行次 | 项 目 | 本期金额 | 累计金额 |
|---|---|---|---|
| 1 | 一、按照实际利润额预缴 | | |
| 2 | 营业收入 | | |
| 3 | 营业成本 | | |
| 4 | 利润总额 | | |
| 5 | 加：特定业务计算的应纳税所得额 | | |
| 6 | 减：不征税收入 | | |
| 7 | 免税收入 | | |
| 8 | 弥补以前年度亏损 | | |
| 9 | 实际利润额（4 行 +5 行 -6 行 -7 行 -8 行） | | |
| 10 | 税率（25%） | | |
| 11 | 应纳所得税额 | | |
| 12 | 减：减免所得税额 | | |
| 13 | 减：实际已预缴所得税额 | — | |
| 14 | 减：特定业务预缴（征）所得税额 | | |
| 15 | 应补（退）所得税额（11 行 -12 行 -13 行 -14 行） | — | |
| 16 | 减：以前年度多缴在本期抵缴所得税额 | | |
| 17 | 本期实际应补（退）所得税额 | — | |
| 18 | 二、按照上一纳税年度应纳税所得额平均额预缴 | | |

续表

| 行次 | 项目 | | 本期金额 | 累计金额 |
|---|---|---|---|---|
| 19 | 上一纳税年度应纳税所得额 | | — | |
| 20 | 本月（季）应纳税所得额（19行×1/4或1/12） | | | |
| 21 | 税率（25%） | | | |
| 22 | 本月（季）应纳所得税额（20行×21行） | | | |
| 23 | 三、按照税务机关确定的其他方法预缴 | | | |
| 24 | 本月（季）确定预缴的所得税额 | | | |
| 25 | 总分机构纳税人 | | | |
| 26 | 总机构 | 总机构应分摊所得税额（15行或22行或24行×总机构应分摊预缴比例） | | |
| 27 | | 财政集中分配所得税额 | | |
| 28 | | 分支机构应分摊所得税额（15行或22行或24行×分支机构应分摊比例） | | |
| 29 | | 其中：总机构独立生产经营部门应分摊所得税额 | | |
| 30 | | 总机构已撤销分支机构应分摊所得税额 | | |
| 31 | 分支机构 | 分配比例 | | |
| 32 | | 分配所得税额 | | |

谨声明：此纳税申报表是根据《中华人民共和国企业所得税法》、《中华人民共和国企业所得税法实施条例》和国家有关税收规定填报的，是真实的、可靠的、完整的。

法定代表人（签字）：　　　　年　月　日

| | | |
|---|---|---|
| 纳税人公章： | 代理申报中介机构公章： | 主管税务机关受理专用章： |
| 会计主管： | 经办人：　　经办人执业证件号码： | 受理人： |
| 填表日期：　　年　月　日 | 代理申报日期：　　年　月　日 | 受理日期：　　年　月　日 |

# 第四节　企业所得税综合实训

## 一、实训目的

1. 能够进行企业所得税应纳税所得额和应纳税额的计算。
2. 能够进行所得税涉税业务的会计处理和凭证的编制。
3. 能够设置和登记“应交税费——应交企业所得税”明细账。
4. 能够编制企业所得税年度纳税申报表。

## 二、实训要求

1. 简要的分析应调整的项目；
2. 根据经济业务资料编制“中华人民共和国企业所得税年度纳税申报表（A类）”主表

及部分附表（见表5－4、表5－5）；

3. 做出2016年度企业所得税年度汇算时补缴企业所得税的会计核算。

## 三、实训业务资料

1. 实训企业基本情况

企业名称：云翔有限公司

经营范围：家电产品

企业法人代表：高山

注册资金：5 000万元

纳税人识别号：130403338650442

2. 2016年1～12月损益类账户累计发生额如表5－3所示。

表5－3

| 账户名称 | 1～12月累计发生额 |
|---|---|
| 主营业务收入 | 34 028 000.00 |
| 其他业务收入 | 4 816 000.00 |
| 主营业务成本 | 26 470 000.00 |
| 其他业务成本 | 864 400.00 |
| 税金及附加 | 554 177.87 |
| 销售费用 | 237 450.00 |
| 管理费用 | 3 555 140.00 |
| 财务费用 | 450 700.00 |
| 营业外收入 | 400 000.00 |
| 营业外支出 | 458 400.00 |
| 投资收益 | 240 000.00 |
| 所得税费用 | 2 500 000.00 |

3. 为降低税收风险，在2016年度汇算清缴前，企业聘请某税务师事务所进行审计，发现有关问题如下：

（1）已在成本费用中列支的实发工资总额为600万元，并按实际发生数列支了福利费90万元，上缴工会经费12万元并取得《工会经费专用拨缴款收据》，职工教育经费支出18万元。

（2）投资收益24万元中含国债利息收入6万元，向居民企业投资收益18万元。

（3）当年1月向银行借款600万元购建固定资产，借款期限2年。购建的固定资产于当年8月31日完工并交付使用（不考虑该项固定资产折旧），企业支付给银行的年利息费用共计12万元，全部记入了财务费用。

（4）企业全年发生的业务招待费用60万元。

（5）企业全年发生的业务宣传费80万元。

（6）12月份通过当地县政府机关向贫困山区捐赠家电产品一批，成本价35万元，市场销售价格45万元，企业核算时按成本价值直接冲减了库存商品，按市场销售价格计算的增值税销项税额7.65万元与成本价合计42.65万元记入“营业外支出”账户。

（7）“营业外支出”账户中还列支税收滞纳金3.19万元。

（8）企业全年已预缴企业所得税150万元。

**表5-4　　中华人民共和国企业所得税年度纳税申报表（A类）**

税款所属期间：　年　月　日至　年　月　日

纳税人名称：

纳税人识别号：　　　　　　　　　　　　　　　　金额单位：元（列至角分）

| 类别 | 行次 | 项目 | 金额 |
|---|---|---|---|
| 利润总额计算 | 1 | 一、营业收入（填附表一） | |
| | 2 | 减：营业成本（填附表二） | |
| | 3 | 税金及附加 | |
| | 4 | 销售费用（填附表二） | |
| | 5 | 管理费用（填附表二） | |
| | 6 | 财务费用（填附表二） | |
| | 7 | 资产减值损失 | |
| | 8 | 加：公允价值变动收益 | |
| | 9 | 投资收益 | |
| | 10 | 二、营业利润 | |
| | 11 | 加：营业外收入（填附表一） | |
| | 12 | 减：营业外支出（填附表二） | |
| | 13 | 三、利润总额（10行+11行-12行） | |
| 应纳税所得额计算 | 14 | 加：纳税调整增加额（填附表三） | |
| | 15 | 减：纳税调整减少额（填附表三） | |
| | 16 | 其中：不征税收入 | |
| | 17 | 免税收入 | |
| | 18 | 减计收入 | |
| | 19 | 减、免税项目所得 | |
| | 20 | 加计扣除 | |
| | 21 | 抵扣应纳税所得额 | |
| | 22 | 加：境外应税所得弥补境内亏损 | |
| | 23 | 纳税调整后所得（13行+14行-15行+22行） | |
| | 24 | 减：弥补以前年度亏损（填附表四） | |
| | 25 | 应纳税所得额（23行-24行） | |
| 应纳税额计算 | 26 | 税率（25%） | |
| | 27 | 应纳所得税额（25行×26行） | |
| | 28 | 减：减免所得税额（填附表五） | |
| | 29 | 减：抵免所得税额（填附表五） | |

续表

| 类别 | 行次 | 项目 | 金额 |
| --- | --- | --- | --- |
| 应纳税额计算 | 30 | 应纳税额（27行－28行－29行） | |
| | 31 | 加：境外所得应纳所得税额（填附表六） | |
| | 32 | 减：境外所得抵免所得税额（填附表六） | |
| | 33 | 实际应纳所得税额（30行＋31行－32行） | |
| | 34 | 减：本年累计实际已预缴的所得税额 | |
| | 35 | 其中：汇总纳税的总机构分摊预缴的税额 | |
| | 36 | 汇总纳税的总机构财政调库预缴的税额 | |
| | 37 | 汇总纳税的总机构所属分支机构分摊的预缴税额 | |
| | 38 | 合并纳税（母子体制）成员企业就地预缴比例 | |
| | 39 | 合并纳税企业就地预缴的所得税额 | |
| | 40 | 本年应补（退）的所得税额（33行－34行） | |
| 附列资料 | 41 | 以前年度多缴的所得税额在本年抵减额 | |
| | 42 | 以前年度应缴未缴在本年入库所得税额 | |
| 纳税人公章：<br>经办人：<br>申报日期：<br>年　月　日 | | 代理申报中介<br>机构公章：<br>经办人及执业证件号码：<br>代理申报日期：　　年　月　日 | 主管税务机关<br>受理专用章：<br>受理人：<br>受理日期：<br>年　月　日 |

表5－5　　**企业所得税年度纳税申报表附表三**

**纳税调整项目明细表**

填报时间：　　　　　　　　　　　　　　　　　金额单位：元（列至角）

| 行次 | 项目 | 账载金额 | 税收金额 | 调增金额 | 调减金额 |
| --- | --- | --- | --- | --- | --- |
| | | 1 | 2 | 3 | 4 |
| 1 | 一、收入类调整项目 | | | | |
| 2 | 1．视同销售收入（填附表一） | | | | |
| 3 | 2．接受捐赠收入 | | | | |
| 4 | 3．不符合税收规定的销售折扣和折让 | | | | |
| 5 | 4．未按权责发生制原则确认的收入 | | | | |
| 6 | 5．按权益法核算长期股权投资对初始投资成本调整确认收益 | | | | |
| 7 | 6．按权益法核算的长期股权投资持有期间的投资损益 | | | | |
| 8 | 7．特殊重组 | | | | |
| 9 | 8．一般重组 | | | | |

续表

| 行次 | 项　目 | 账载金额 | 税收金额 | 调增金额 | 调减金额 |
|---|---|---|---|---|---|
| | | 1 | 2 | 3 | 4 |
| 10 | 9. 公允价值变动净收益（填附表七） | | | | |
| 11 | 10. 确认为递延收益的政府补助 | | | | |
| 12 | 11. 境外应税所得（填附表六） | | | | |
| 13 | 12. 不允许扣除的境外投资损失 | | | | |
| 14 | 13. 不征税收入（填附表一［3］） | | | | |
| 15 | 14. 免税收入（填附表五） | | | | |
| 16 | 15. 减计收入（填附表五） | | | | |
| 17 | 16. 减、免税项目所得（填附表五） | | | | |
| 18 | 17. 抵扣应纳税所得额（填附表五） | | | | |
| 19 | 18. 其他 | | | | |
| 20 | 二、扣除类调整项目 | | | | |
| 21 | 1. 视同销售成本（填附表二） | | | | |
| 22 | 2. 工资薪金支出 | | | | |
| 23 | 3. 职工福利费支出 | | | | |
| 24 | 4. 职工教育经费支出 | | | | |
| 25 | 5. 工会经费支出 | | | | |
| 26 | 6. 业务招待费支出 | | | | |
| 27 | 7. 广告费和业务宣传费支出（填附表八） | | | | |
| 28 | 8. 捐赠支出 | | | | |
| 29 | 9. 利息支出 | | | | |
| 30 | 10. 住房公积金 | | | | |
| 31 | 11. 罚金、罚款和被没收财物的损失 | | | | |
| 32 | 12. 税收滞纳金 | | | | |
| 33 | 13. 赞助支出 | | | | |
| 34 | 14. 各类基本社会保障性缴款 | | | | |
| 35 | 15. 补充养老保险、补充医疗保险 | | | | |
| 36 | 16. 与未实现融资收益相关在当期确认的财务费用 | | | | |
| 37 | 17. 与取得收入无关的支出 | | | | |
| 38 | 18. 不征税收入用于支出所形成的费用 | | | | |
| 39 | 19. 加计扣除（填附表五） | | | | |
| 40 | 20. 其他 | | | | |
| 41 | 三、资产类调整项目 | | | | |
| 42 | 1. 财产损失 | | | | |
| 43 | 2. 固定资产折旧（填附表九） | | | | |
| 44 | 3. 生产性生物资产折旧（填附表九） | | | | |

续表

| 行次 | 项　　目 | 账载金额 | 税收金额 | 调增金额 | 调减金额 |
|---|---|---|---|---|---|
| | | 1 | 2 | 3 | 4 |
| 45 | 4．长期待摊费用的摊销（填附表九） | | | | |
| 46 | 5．无形资产摊销（填附表九） | | | | |
| 47 | 6．投资转让、处置所得（填附表十一） | | | | |
| 48 | 7. 油气勘探投资（填附表九） | | | | |
| 49 | 8. 油气开发投资（填附表九） | | | | |
| 50 | 9．其他 | | | | |
| 51 | 四、准备金调整项目（填附表十） | | | | |
| 52 | 五、房地产企业预售收入计算的预计利润 | | | | |
| 53 | 六、特别纳税调整应税所得 | | | | |
| 54 | 七、其他 | | | | |
| 55 | 合　　计 | | | | |

经办人（签章）：　　　　　　　　　　法定代表人（签章）：

# 第六章 DILIUZHANG

# 耕地占用税、城镇土地使用税、土地增值税及其会计核算

## 第一节 耕地占用税及其会计核算

### 单项选择题

1. （　　）曾用于种植农作物的土地，亦视为耕地。

A. 占用前一年　　B. 占用前两年　　C. 占用前三年　　D. 占用前五年

2. 耕地占用税，是指国家对占用耕地建房或者从事其他非农业建设的单位和个人，依（　　）征收的一种税。

A. 实际占用耕地面积　　B. 实际使用耕地面积

C. 批准占用耕地面积　　D. 批准使用耕地面积

3. 耕地占用税实行（　　）税率。

A. 从价计征的地区差别比例税率　　B. 从量计征的地区差别比例税率

C. 从价计征的地区差别定额税率　　D. 从量计征的地区差别定额税率

4. 企业占用耕地建房时依法缴纳的耕地占用税，借方应记入（　　）账户。

A. “在建工程”　　B. “固定资产”

C. “税金及附加”　　D. “应交税费”

5. 耕地占用税实行（　　）的征收制度。

A. 一次课征制　　B. 两次课征制　　C. 多次课征制　　D. 定期课征制

6. 获准占用耕地的单位和个人，应当在收到土地管理部门通知之日起（　　）日内向征收机关申报并缴纳耕地占用税。

A. 7　　B. 10　　C. 15　　D. 30

7. 各地适用的耕地占用税单位税额，由（　　）在规定税额的范围内，根据本地区情

况具体确定。

A. 各省级税务部门　　B. 各省级财政部门

C. 各省级人民政府　　D. 各省级常委会

## 多项选择题

1. 下列行为应该缴纳耕地占用税的有（　　）。

A. 占用粮田建仓库　　B. 承包鱼塘养鱼

C. 占用果园修建铁路　　D. 占用花圃建大型超市

2. 下列属于耕地占用税征税范围的耕地有（　　）。

A. 棉田　　B. 菜地　　C. 鱼塘　　D. 果园

3. 下列占用耕地行为属于免征耕地占用税的情形有（　　）。

A. 军事设备生产企业用地　　B. 公交公司建停车场用地

C. 医院扩建用地　　D. 新建学校用地

4. 对下列（　　）地区，税额标准可以适当提高，但最高不得超过上述规定税额的50%。

A. 经济特区

B. 经济欠发达但人均耕地特别多的地区

C. 经济发达且人均耕地特别少的地区

D. 经济技术开发区

5. 下列主体，属于耕地占用税纳税人的有（　　）。

A. 境内占用耕地建房的外资企业　　B. 境内占用耕地从事非农业建设的华侨

C. 境内占用耕地建房的股份制企业　　D. 境内占用耕地从事非农业建设的个人

6. 下列各项中，免征耕地占用税的有（　　）。

A. 军事设施用地　　B. 农村居民占用耕地建造新房

C. 养老院占用的耕地　　D. 学校附近的小卖部占用的耕地

## 判断题

1. 耕地占用税对外国企业纳税人不适用。（　　）

2. 耕地占用税实行按年计算、分期缴纳的办法。（　　）

3. 耕地占用税由地方税务机关负责征收。（　　）

4. 建房或从事其他非农业建设征（占）用的国家和集体所有的土地都属于耕地占用税范围。（　　）

5. 由于耕地占用税是实行一次性的即批即征方式，故不需通过“应交税费”账户核算。（　　）

6. 耕地占用税借方不记入“税金及附加”账户，贷方也不需通过“应交税费”账户。（　　）

7. 耕地占用税的计税单位标准是亩。（　　）

## 实务题

1. 振宇有限公司经批准占用林地 4 万平方米建造生态高尔夫球场，还占用林地 10 万平方米开发经济林木，所占耕地适用的定额税率为 20 元/平方米。请计算该公司应缴纳多少耕地占用税并做出相应的会计处理。

2. 前进有限公司经市国土局批准在市郊占用菜田 8 万平方米，其中用于办公楼建设用地 5 万平方米，其余用于学校建设，所在地使用的单位税额为 15 元/平方米。请计算该公司应纳的耕地占用税并做出相应的会计处理。

# 第二节　城镇土地使用税及其会计核算

## 单项选择题

1. 城镇土地使用税采用有幅度的（　　）。

A. 比例税率　　B. 定额税率　　C. 累进税率　　D. 复合税率

2. 城镇土地使用税的征税范围，仅限于城市（含市区和郊区）、县城、建制镇和工矿区内的国家和集体所有的（　　）。

A. 所有土地　　B. 农业用地　　C. 非农业用地　　D. 核定土地

3. 城镇土地使用税由地方（　　）负责征收。

A. 税务机关　　B. 财政部门

C. 国土资源管理部门　　D. 人民政府

4. 经济落后地区，可适当降低城镇土地使用税适用税额标准，但降低额不得超过规定最低税额的（　　）。

A. 10%　　B. 20%　　C. 30%　　D. 50%

5. 城镇土地使用税采用（　　）的缴纳办法。

A. 按年计算、按年缴纳　　B. 按年计算、分期缴纳

C. 按月计算、按月缴纳　　D. 按月计算、分期缴纳

6. 下列土地，免征城镇土地使用税的是（　　）。

A. 校办企业的经营用地　　B. 公园对外营业的茶社用地

C. 农副产品加工用地　　D. 市政街道、广场用地

7. 按照城镇土地使用税的有关规定，下列表述正确的有（　　）。

A. 集体企业不是城镇土地使用税的纳税人

B. 土地使用权未确定的，暂不缴纳城镇土地使用税

C. 土地使用权共有的，由共有各方分别按其使用面积纳税

D. 对外商投资企业和外国企业暂不征收城镇土地使用税

8. 以下不属于城镇土地使用税征税范围的是（　　）。

A. 建制镇的土地　　B. 工矿区的土地

C. 农村的土地　　D. 房地产开发公司建造商品房的市区用地

## 多项选择题

1. 下列单位和个人是城镇土地使用税的纳税人的有（　　）。

A. 城市中使用土地的单位和个人　　B. 县城中使用土地的单位和个人

C. 建制镇使用土地的单位和个人　　D. 工矿区范围使用土地的单位和个人

2. 下列可能是城镇土地使用税纳税人的有（　　）。

A. 拥有土地使用权的人　　B. 代管人

C. 使用人　　D. 共有人

3. 城镇土地使用税对我国境内的（　　）使用人征收。

A. 股份制企业　　B. 外商投资企业

C. 民营企业　　D. 国有企业

4. 城镇土地使用税的核算主要通过（　　）账户进行。

A. “税金及附加”　　B. “管理费用”

C. “应交税费”　　D. “其他应交款”

5. 下列土地，免征城镇土地使用税的有（　　）。

A. 农、林、牧、渔业的生产用地

B. 学校、医院等由财政部门拨付经费单位自用的土地

C. 市政街道、广场、绿化带等公共用地

D. 寺庙、公园、名胜古迹内的商店自用的土地

6. 城镇土地使用税上缴税款时，应通过（　　）账户进行核算。

A. "税金及附加"　　B. "管理费用"

C. "应交税费"　　D. "银行存款"

## 判断题

1. 城镇土地使用税只对国内企业、单位和个人征收，对外籍人员、外国企业、外商投资企业暂不征收。（　　）

2. 只要是城镇的非农业用地，一律属于城镇土地使用税的征税范围。（　　）

3. 城镇土地使用税的纳税地点为纳税人所在地的税务机关负责征收。（　　）

4. 城镇土地使用税采用从量定额形式计算征收。（　　）

5. 企业办的学校、医院、托儿所、幼儿园的用地不得免征城镇土地使用税。（　　）

6. 城市、县城、建制镇、工矿区的具体征税范围，由省、自治区、直辖市人民政府划定。（　　）

7. 土地使用权未确定的，暂不缴纳城镇土地使用税。（　　）

## 实务题

1. 甲企业与某国家机关共同使用面积为1万平方米的土地，甲企业使用其中的60%。该土地所处地段的城镇土地使用税年税额为4元/平方米。

**要求：**请确定甲企业和该国家机关应如何缴纳城镇土地使用税，并做出相应的会计处理。

2. 某市肉制品加工企业年度占地4万平方米，其中办公楼占地3 000平方米，生猪养殖基地占地2万平方米，肉制品加工车间占地1.6万平方米，企业内部道路及绿化占地1 000平方米。该企业所在地城镇土地使用税年单位税额为每平方米5元。

**要求**：计算该企业全年应缴纳的城镇土地使用税，并做出相应的会计处理。

## 第三节　土地增值税及其会计核算

### 单项选择题

1. 下列行为，应交土地增值税的是（　　）。

A. 出售房地产　　B. 出租房地产　　C. 继承房地产　　D. 予与房地产

2. 出售旧房及建筑物的，扣除项目金额中旧房及建筑物的评估价格应按（　　）计算。

A. 账载余额　　B. 账载余额乘以成新折扣率

C. 重置成本　　D. 重置成本乘以成新折扣率

3. 对从事房地产开发的纳税人可按取得土地使用权所支付的金额和房地产开发成本的和，再加计扣除（　　）。

A. 10%　　B. 20%　　C. 30%　　D. 50%

4. 纳税人应当自（　　），向房地产所在地的主管税务机关办理土地增值税纳税申报。

A. 有关部门办理过户、登记手续之日起7日内

B. 有关部门办理过户、登记手续之日起10日内

C. 签订房地产转让合同之日起7日内

D. 签订房地产转让合同之日起10日内

5. 土地增值税由（　　）征收。

A. 房地产管理部门　　B. 房地产所在地的主管税务机关

C. 纳税人经营地税务机关　　D. 纳税人所在地的主管税务机关

6. 土地增值税的税率形式是（　　）。

A. 全额累进税率　　B. 超额累进税率

C. 全率累进税率　　　　　　　　　　　　　D. 超率累进税率

7. 房地产企业土地增值税的核算，主要通过（　　）账户进行核算。

A. “管理费用”　　　　　　　　　　　　B. “其他业务成本”

C. “税金及附加”　　　　　　　　　　　D. “固定资产清理”

8. 在确定土地增值税的扣除项目时，允许扣除的税金是（　　）。

A. 增值税　　　　B. 消费税　　　　C. 印花税　　　　D. 房产税

9. 纳税人缴纳土地增值税时应选择在（　　）缴纳。

A. 居住所在地　　　　　　　　　　　　B. 房地产所在地

C. 生产经营所在地　　　　　　　　　　D. 由当地税务机关确定的地区

## 多项选择题

1. 下列各项，属于土地增值税征税范围的是（　　）。

A. 转让国有土地使用权　　　　　　　　B. 存量房地产买卖

C. 转让地上建筑物产权　　　　　　　　D. 转让地上附着物产权

2. 计算土地增值税时，允许据实扣除的项目为（　　）。

A. 取得土地使用权所支付的金额　　　　B. 房地产开发成本

C. 与房地产开发有关的财务费用　　　　D. 转让房地产时缴纳的税金

3. 房地产开发公司支付的下列相关费用，可列入加计 20% 扣除范围的有（　　）。

A. 转让房地产时缴纳的税金

B. 取得土地使用权时支付的地价款和相关税费

C. 销售过程中支付的销售费用

D. 房地产开发过程中支付的建筑人员的工资福利费

4. 下列项目，可以免征土地增值税的有（　　）。

A. 纳税人建造普通标准住宅出售，增值额未超过扣除项目金额 20% 的

B. 因国家建设需要依法征用土地而取得的补偿款

C. 因城市规划而搬迁，由纳税人自行转让原房地产而取得的收入

D. 企事业单位等转让旧房作为廉租住房、经济适用房房源且增值额未超过扣除项目金额 20% 的

5. 房地产企业计算土地增值税时，主要通过（　　）账户进行核算。

A. “税金及附加”　　　　　　　　　　B. “管理费用”

C. “其他业务成本”　　　　　　　　　D. “应交税费”

6. 非房地产企业计算土地增值税时，主要通过（　　）账户进行核算。

A. “税金及附加”　　　　　　　　　　B. “固定资产清理”

C. “其他业务成本”　　　　　　　　　D. “应交税费”

7. 下列关于土地增值税缴纳办法的说法正确的是（　　）。

A. 以一次交割、付清价款方式转让房地产的，纳税人可在办理过户、登记手续前数日内选择一次性或分次缴纳土地增值税

B. 以分期收款方式转让房地产的，主管税务机关可根据合同规定的收款日期来确定具体的纳税期限和税款

C. 以预售方式转让房地产的，在办理结算和转交手续前取得的收入，税务机关可以预征土地增值税

D. 采用预征方法预征土地增值税的，在该项目全部竣工办理清算时，需要对土地增值税进行清算，多退少补

## 判断题

1. 继承房产的子女不是土地增值税的纳税人。 ( )

2. 企业把闲置房产出租给房地产企业的，应缴纳土地增值税。 ( )

3. 取得土地使用权所支付的金额是指纳税人取得土地使用权支付的地价款和按国家统一规定缴纳的有关费用之和。 ( )

4. 不论何种企业，均可以按“取得土地使用权所支付的金额”和“房地产开发成本”之和，加计20%扣除。 ( )

5. 土地增值税有分级和速算扣除两种计算办法。 ( )

6. 非从事房地产开发的纳税人填写土地增值税的纳税申报表比从事房地产开发的纳税人填写内容多。 ( )

## 实务题

1. 大成公司转让旧仓库一栋，取得转让收入600万元，缴纳相关税费共计32万元。该仓库原造价400万元，重置成本800万元，经评估该仓库为4成新。

**要求**：计算该公司应缴纳的土地增值税并做出相应的账务处理。

2. 某市一房地产公司销售商品房，取得销售收入4 000万元，销售房产时缴纳营业税、城建税及教育费附加共计220万元。该公司曾支付土地使用权价款600万元，相关税费50万元，开发房地产发生拆迁补偿款、工程款、设施费等成本共计1 200万元，并发生销售费用、管理费用、财务费用共计190万元，并符合规定均可扣除。

**要求**：计算该房地产公司应缴纳的土地增值税，并对土地增值税的相关业务做出账务处理。

# 第七章 DIQIZHANG

# 房产税、契税、车船使用税及其会计核算

## 第一节 房产税及其会计核算

### 单项选择题

1. 我国房产税的征税范围不包括（　　）。

A. 城市　　B. 县城　　C. 农村　　D. 建制镇

2. 下列各项叙述中，不符合房产税相关规定的是（　　）。

A. 产权出典的，由承典人纳税

B. 产权出典的，由产权所有人纳税

C. 产权未确定的，由房产代管人或者使用人纳税

D. 产权所有人、承典人不在房屋所在地的，由房产代管人或者使用人纳税

3. 以下关于房产税特点的说法，正确的是（　　）。

A. 属于财产税中的综合税

B. 征税范围限于经营性房屋

C. 区别房屋的经营使用方式规定征税办法

D. 调节财富分配

4. 下列项目，属于房产税征税范围的是（　　）。

A. 政府机关自用房产　　B. 百货商场用房

C. 公园自用房产　　D. 个人居住用房

5. 房产不在同一地的纳税人，应（　　）的税务机关缴纳房产税。

A. 向户口所在地

B. 向纳税人的居住所在地

C. 按房产的坐落地点，分别向房产所在地

D. 按房产的坐落地点，选择向任一处房产所在地

6. 按房产税的有关规定，房产税按（　　）方式缴纳。

A. 按年征收，分期缴纳　　B. 按季征收，分期缴纳

C. 按月征收，分期缴纳　　D. 由省、自治区、直辖市人民政府规定

7. 房产税采用从价计征的，应按房产原值一次扣除（　　）后的余值作为税额计算的基础。

A. 10% ~20%　　B. 20% ~30%　　C. 10% ~30%　　D. 20% ~40%

8. 房屋产权属于国有的，应以（　　）为房产税纳税人。

A. 产权所有人　　B. 房产承典人

C. 房产使用人　　D. 经营管理单位

9. 房地产开发企业建造的商品房，下列哪种情况，不征房产税（　　）。

A. 未使用未售出　　B. 已使用未售出

C. 已出租未售出　　D. 已出借未售出

## 多项选择题

1. 下列属于房产税的征收范围的是（　　）。

A. 农村开设工厂的厂房　　B. 县城经营的企业房产

C. 房地产企业开发的待售商品房　　D. 房地产企业出租的待售商品房

2. 房产税的计税依据有（　　）。

A. 房产售价　　B. 房产原值　　C. 房产余值　　D. 房产租金收入

3. 根据房产税的规定，以下属于房产税税率的是（　　）。

A. 1.2%　　B. 3%　　C. 12%　　D. 17%

4. 以下属于房产税减免范围的有（　　）。

A. 企业停产撤销而闲置不用的房产　　B. 国家机关按政府规定价格出租的廉租房

C. 寺庙附设销售纪念品的商店　　D. 企业所有的损坏不堪使用的危房

5. 房产税的会计核算不涉及的账户有（　　）。

A. “税金及附加”　　B. “管理费用”

C. “销售费用”　　D. “其他应付款”

6. 以下有关房产原值的表述，正确的有（　　）。

A. 从价计征时，依房产原值扣除的幅度由省、自治区、直辖市税务机关确定

B. 没有记载房产原值的，由房产所在地税务机关参照同类房产核定

C. 对原有房屋进行改扩建的，要相应增加房屋的原值

D. 房产原值应包括与房屋不可分割的各种附属设备或一般不单独计算价值的配套设施

7. 房产税采用的计征方式包括（　　）。

A. 从价计征　　B. 从量计征　　C. 从租计征　　D. 从实计征

8. 出租房产计提房产税，需设置账户（　　）。

A. “税金及附加”

B. “管理费用”

C. “其他业务成本”

D. “应缴税费”

## 判断题

1. 房产税是以房屋为征税对象，按照房屋的原值或租金收入，向房屋产权所有人或经营人征收的一种税。（　　）

2. 房产税所指的工矿区是工商业比较发达、人口比较集中、符合国务院规定的建制镇标准，但尚未设立建制镇的大中型工矿企业所在地。（　　）

3. 无租使用他人房产的，仍由产权所有人按产权余值计税。（　　）

4. 出租房产的，应缴纳的房产税也可以列入“税金及附加”账户核算。（　　）

5. 房产税的具体纳税期限由当地税务机关确定。（　　）

6. 房屋产权属于国有的，以经营管理单位为纳税人；产权属于集体单位或个人的所有的，以集体单位或个人为纳税人。（　　）

7. 房产税的会计核算，一般需要通过“税金及附加”账户而不须通过“管理费用”账户进行会计核算。（　　）

8. 房产税的征税范围仅限于城市、县城、建制镇和工矿区的经营性房屋。（　　）

9. 按房产余值计算的房产税是房产的月应纳税额。（　　）

## 实务题

招商钢铁股份有限公司有房屋 11 栋，原值共 9 800 万元，其中 8 栋用于生产经营，房产原值 7 000 万元；1 栋被有关部门认定为危房，2016 年 5 月起停止使用，房产原值 800 万元；1 栋按政府规定的价格出租给职工居住，房产原值 900 万元；1 栋于 2016 年 4 月出租给其他企业，房产原值 1 100 万元，年租金收入 150 万元。房产原值的减除比例为 30%。

**要求：**计算 2016 年该企业应缴纳的房产税税额，并做出相应的账务处理。

## 第二节 契税及其会计核算

### 单项选择题

1. 下列行为不缴纳契税的是（　　）。

A. 买房翻建新房
B. 房屋赠予
C. 以获奖方式取得房屋产权
D. 以自有房产作价投入本人经营的企业

2. 关于契税的计税依据，下列说法不正确的是（　　）。

A. 土地使用权出售、房屋买卖，其计税依据为成交价格
B. 房屋交换的，以换入房产的市场价格作为计税依据
C. 接受赠予的土地使用权或房屋，由税务机关参照市场价格核定计税依据
D. 成交价格明显低于市场价格且无正当理由的，由税务机关参照市场价格核定

3. 下列行为，不属于契税征收范围的是（　　）。

A. 房屋出租
B. 国有土地使用权出让
C. 房屋买卖
D. 房屋赠予

4. 下列关于契税的表述，不正确的是（　　）。

A. 契税实行幅度比例税率
B. 契税由财产承受人缴纳
C. 契税属于财产转移税
D. 农村集体土地承包经营权的转移属于土地使用权转让

5. 某公司发生一笔互换房产业务，换出的房产价值为600万元，换进的房产价值为400万元。已知当地政府规定的契税税率为3%，该公司应缴纳契税（　　）万元。

A. 0
B. 6
C. 12
D. 18

6. 根据契税的有关规定，下列土地或房屋免征契税的是（　　）。

A. 运动员因成绩突出获得国家奖励的住房
B. 居民因政府拆迁重新购置住房
C. 城镇职工按规定第一次购买公有住房的
D. 个人购买经济适用房的

7. 纳税人应当自纳税义务发生之日起（　　）日内，向土地、房屋所在地的契税征收机关办理纳税申报。

A. 3
B. 5
C. 10
D. 15

8. 契税的纳税地点是（　　）。

A. 企业的机构所在地
B. 土地、房屋所在地
C. 企业的注册地
D. 企业的核算地

## 多项选择题

1. 以下属于契税纳税人的有（　　）。

A. 购买办公大楼的国家机关　　B. 承受土地使用权的国有企业

C. 销售商品房的外商投资企业　　D. 购买房屋的个体工商户

2. 以下属于契税征税对象的有（　　）。

A. 土地使用权的出让　　B. 土地使用权的赠予

C. 以实物交换土地使用权　　D. 房屋的买卖

3. 甲企业将原值28万元的房产评估作价30万元投资乙企业，乙企业办理产权登记后又将该房产以40万元价格售与丙企业，当地契税税率3%，则下列说法正确的有（　　）。

A. 甲企业缴纳契税0.84万元　　B. 乙企业缴纳契税0.84万元

C. 乙企业缴纳契税0.9万元　　D. 丙企业缴纳契税1.2万元

4. 下列有关契税的表述，正确的有（　　）。

A. 境内转移土地、房屋权属，承受的单位和个人为契税的纳税人

B. 契税的适用税率，由省、自治区、直辖市税务机关在规定的幅度内按照本地区的实际情况确定

C. 转让土地、房屋权属以外汇结算的，按照纳税义务发生之日的中国人民银行公布的人民币市场汇率中间价折合成人民币计算

D. 土地使用权、房屋交换，计税依据为所交换的土地使用权、房屋价格的差额

5. 下列项目，免征或减征契税的有（　　）。

A. 以获奖方式获得的房屋

B. 城镇职工第一次按规定购买公有住房

C. 国家机关购买办公大楼

D. 因不可抗力原因失去住房而重新购买的住房

6. 下列各项，符合契税有关规定的有（　　）。

A. 契税在纳税人的机构所在地缴纳

B. 因不可抗力原因失去住房而重新购买的住房，可以酌情减免契税

C. 交换的房屋价格相等时，免征契税

D. 纳税人应当自纳税义务发生之日起15日内，向征收机关办理纳税申报

7. 企业承受土地、房屋计提的契税可能记入（　　）账户。

A. “固定资产清理”　　B. “固定资产”

C. “无形资产”　　D. “银行存款”

## 判断题

1. 契税是以所有权发生转移的不动产，即土地和房屋为征税对象，向产权承受人征收

的一种税。 (  )

2. 土地使用权交换、房屋交换的，以双方承受的产权价值各自缴纳契税。 (  )

3. 以自有房产作价投入本人独资经营的企业，因权属并未发生转移，故免纳契税。 (  )

4. 企业关于契税的会计核算，不需通过“税金及附加”账户，而需通过“管理费用”账户。 (  )

5. 经批准减征、免征契税的纳税人改变有关土地房屋用途的，不再属于规定减征、免征契税范围的，应当补缴已减征、免征的契税。 (  )

6. 一般税种在税制中均确定纳税人为销售方，所以契税的纳税人为转让方。 (  )

7. 承受国有土地使用权支付的土地出让金可以免征契税。 (  )

8. 契税的纳税申报期和税款缴纳期均是10日的标准。 (  )

9. 土地使用权或房屋赠予，赠予方未取得收入，所以不纳契税。 (  )

## 实务题

1. 请对下述人员缴纳契税情况进行分析（契税税率统一为3%）：

（1）何斌获得单位奖励的住房一套，经评估房价为40万元，其后何斌将住房与马林的住房交换，经协商，何斌支付差价款5万元；

（2）国企职工张红首次购买单位集资房，房价39万元，面积在国家规定的标准内；

（3）曹云将一套价值120万元的自有住房投入本人独资经营的企业；

（4）王某在本村承包一块地从事农业养殖，每年承包费10万元，承包20年。

2. 万达工贸公司系一家国有企业，2016年5月份承受国有土地使用权，支付土地出让金200万元；接受甲企业抵债的土地使用权，价值300万元，后将承受甲企业的土地使用权转让给乙企业，作价350万元；购买丙企业闲置房产，价款1 500万元；将企业闲置房产500万元投资于丁企业。当地省人民政府规定契税税率为4%。

**要求：**请对上述各企业缴纳契税情况进行分析，并对万达工贸公司缴纳契税业务做出相应的账务处理。

# 第三节　车船税及其会计核算

## 单项选择题

1. 车船税的纳税人是（　　）。

A. 车船所有人　　B. 车船管理人
C. 车船使用人　　D. 车船所有人或管理人

2. 车船税采用的税率形式是（　　）。

A. 比例税率　　B. 定额税率　　C. 累进税率　　D. 累退税率

3. 按净吨位每吨作为车船税计税标准的是（　　）。

A. 载客汽车　　B. 载货汽车　　C. 摩托车　　D. 机动船舶

4. 下列符合车船税规定的表述是（　　）。

A. 低速载货汽车不缴纳车船税
B. 挂车不缴纳车船税
C. 半挂牵引车不缴纳车船税
D. 拖船和非机动驳船可分别按机动船舶税额的50%计税

5. 下列车辆中应纳车船税的是（　　）。

A. 电动自行车　　B. 农用拖拉机　　C. 非机动驳船　　D. 警用车船

6. 某公司拥有净吨位25吨的拖船1艘，该地机动船舶的计税标准为：净吨位每吨的年税额为5元，该公司对于拖船当年应纳的车船税为（　　）元。

A. 62.5　　B. 125　　C. 250　　D. 500

7. 车船税确定具体税额应遵循的原则是（　　）。

A. 乘用车按排气量从小到大递减税额
B. 乘用车按排气量从小到大递增税额
C. 客车按核定载客人数20人以下和20人以上两档划分，递减税额
D. 客车按核定载客人数10人以下和10人以上两档划分，递增税额

8. 下列属于法定减免车船税的是（　　）。

A. 军队专用车船　　B. 武警部队出租的闲置车船
C. 抢险车　　D. 非营利性医疗机构自用车船

9. 下列属于特定减免车船税的是（　　）。

A. 捕捞、养殖渔船　　B. 残疾人专用车船
C. 游艇　　D. 公共交通车船

## 多项选择题

1. 车船税的征税范围有（　　）。

A. 在我国境内购买的车辆

B. 在我国境内报废的车辆

C. 应在我国车船管理部门登记的车辆

D. 依法不需登记的在单位内部场所行驶或作业的机动车辆和船舶

2. 车船税适用的计税单位有（　　）。

A. 辆　　B. 整备质量每吨　　C. 艘　　D. 净吨位每吨

3. 依法不需要办理登记的车船和依法应当登记而未办理登记或者不能提供车船登记证、行驶证的车船，下列确定计税依据的表述，正确的有（　　）。

A. 以车船出厂合格证明标注的技术参数、数据为准

B. 以进口凭证标注的技术参数、数据为准

C. 不能提供车船出厂合格证明或进口凭证的，由主管税务机关参照国家相关标准核定

D. 没有国家相关标准的，参照同类车船核定

4. 下列车辆中，应按照“整备质量每吨”作为计税标准的有（　　）。

A. 载客汽车　　B. 载货汽车

C. 三轮汽车、低速货车　　D. 摩托车

5. 下列车船中，属于法定减免车船税的有（　　）。

A. 捕捞、养殖渔船　　B. 军队、武警专用车船

C. 临时入境的外国船舶　　D. 城市、农村公共交通车船

6. 下列项目，属于特定减免车船税的有（　　）。

A. 节约能源、使用新能源的车船　　B. 城市、农村公共交通车船

C. 警用车船　　D. 农村居民拥有农村地区使用的摩托车

7. 下列有关车船税的规定，表述正确的有（　　）。

A. 计提的车船税应通过“管理费用”账户核算

B. 购买交通事故责任强制险与缴纳车船税无关

C. 车船税实行按年征收，分期缴纳的办法

D. 车船税由纳税人所在地的地方税务机关征收

8. 下列关于机动船舶适用税额的说法，正确的有（　　）。

A. 净吨位不超过 200 吨的，每吨 3 元

B. 净吨位超过 200 吨但不超过 2 000 吨的，每吨 4 元

C. 净吨位超过 2 000 吨但不超过 20 000 吨的，每吨 5 元

D. 净吨位超过 20 000 吨的，每吨 6 元

9. 下列关于游艇适用税额的说法，正确的有（　　）。

A. 艇身长度不超过 10 米的，每米 600 元

B. 艇身长度超过10米但不超过20米的，每米900元

C. 艇身长度超过20米但不超过30米的，每米1 300元

D. 艇身长度超过30米的，每米2 000元

10. 下列陈述，符合5年内免征车船税的有（　　）。

A. 节约能源、使用新能源的车船

B. 按规定缴纳船舶吨税的机动船舶

C. 不需在车船登记管理部门登记的机场、港口、铁路站场内部行驶或者作业的车船

D. 受地震、洪涝等严重自然灾害以及其他原因确需减免税的车船

11. 车船税由纳税人所在地的地方税务机关征收，这里的纳税人所在地是指（　　）。

A. 居住所在地　　B. 户口所在地　　C. 经营所在地　　D. 机构所在地

## 判断题

1. 外籍人员在我国境内拥有车船的，也是车船税的纳税人。（　　）

2. 不能提供完税凭证或免、减税证明的，应在购买机动车交通事故责任强制保险时，由交强险业务的保险机构按照当地税额标准代收代缴车船税。（　　）

3. 对于无法准确获得整备质量或整备质量明显不合理的，可由当地人民政府根据车辆自身状况并参照同类车辆核定计税依据。（　　）

4. 船舶上装备的救生艇筏需按当地游艇的税额标准缴纳车船税。（　　）

5. 由于车辆与船舶的行驶情况不同，车船税的税额标准也有所不同。（　　）

6. 车船税法及实施条例所涉及的排气量、整备质量、核定载客人数、净吨位、艇身长度等计税标准，以实际为准。（　　）

7. 拖拉机、电车都是车船税的应税车辆。（　　）

8. 依法不需要在车船登记管理部门登记的在单位内部场所行驶或者作业的机动车辆和船舶不需要缴纳车船税。（　　）

9. 临时入境的外国车船和港、澳、台地区的车船，不征收车船税。（　　）

## 实务题

1. 海江运输公司拥有整备质量8吨的货车10辆，整备质量6吨的挂车5辆，大客车6辆，中型客车4辆，小轿车2辆。当地车船税的税额标准为：货车整备质量每吨税额100元，大客车每辆1 300元，中型客车每辆800元，气缸容量1.8升的乘用车年税额为560元。

**要求**：计算海江公司应纳车船税额，并对车船税的计提、缴纳做出相应的账务处理。

2. 某船运公司拥有净吨位 3 000 吨的机动船舶 2 艘，净吨位 500 吨的非机动驳船 5 艘，净吨位 50 吨的拖船 3 艘，净吨位 5 吨的捕捞渔船 3 艘。

**要求：** 计算该船运公司当年应缴纳的车船税额，并对车船税的计提、缴纳做出相应的账务处理。

# 第八章 DIBAZHANG

# 印花税及其会计核算

## 第一节　印花税概述

### 单项选择题

1. 印花税具有（　　）的性质。

A. 流转税　　B. 所得税　　C. 财产税　　D. 行为税

2. 下列合同，应当征收印花税的有（　　）。

A. 技术咨询合同　　B. 会计咨询合同

C. 法律咨询合同　　D. 审计咨询合同

3. 政府部门发放的工商营业执照，应按（　　）计算缴纳印花税。

A. 0.3‰　　B. 0.5‰　　C. 1‰　　D. 按件贴花5元

4. 印花税采用从价计征方法，税率最低的项目是（　　）。

A. 运输合同　　B. 技术合同

C. 借款合同　　D. 产权转移书据

5. 甲企业欲从乙企业处购买原材料，双方签订购销合同，丙为公证人，此经济行为中印花税的纳税人为（　　）。

A. 甲企业　　B. 乙企业　　C. 丙企业　　D. 甲、乙企业均是

6. 下列各项中，应按“产权转移书据”缴纳印花税的是（　　）。

A. 商品房销售合同　　B. 专利权转让合同

C. 技术开发合同　　D. 信用保险合同

7. 下列应税凭证，采用比例税率计征印花税的是（　　）。

A. 商标注册证　　B. 房屋产权证

C. 产权转移书据　　D. 多栏账

8. 下列应税凭证中，采用定额税率计征印花税的是（　　）。

A. 专利证

B. 转移商标专用权书据

C. 技术咨询合同

D. 财产租赁合同

## 多项选择题

1. 下列印花税的特点，正确的有（　　）。

A. 征收面窄

B. 税负轻

C. 自行计算、购花、贴花并注销

D. 多缴可退可抵

2. 按照征税项目划分，印花税的纳税人可以分为（　　）。

A. 立合同人　B. 立据人　C. 立账簿人　D. 领受人

3. 以下属于印花税中比例税率的档次有（　　）。

A. 0.1‰　B. 0.3‰　C. 0.5‰　D. 0.05‰

4. 以下权利、许可证证照需要缴纳印花税的有（　　）。

A. 税务登记证

B. 卫生许可证

C. 工商营业执照

D. 商标注册证

5. 印花税中，适用万分之五税率的有（　　）。

A. 购销合同

B. 加工承揽合同

C. 财产租赁合同

D. 货物运输合同

6. 营业账簿以记载资金的性质的金额，即（　　）和（　　）两项合计金额为计税依据征收印花税。

A. 库存现金　B. 银行存款　C. 实收资本　D. 资本公积

7. 下列情形可享受减免印花税政策的有（　　）。

A. 农副产品收购合同

B. 无息、贴息贷款合同

C. 已缴纳印花税的凭证副本或抄本

D. 房地产管理部门与个人签订的用于生活居住的租赁合同

8. 印花税采用的税率形式有（　　）。

A. 比例税率　B. 定额税率　C. 累进税率　D. 累退税率

## 判断题

1. 凡在我国境内书立、领受属于征收范围列举凭证的单位和个人，不论是内资还是外资，不论是企业还是机关团体等，均是印花税的纳税人。（　　）

2. 印花税规定，所有账簿均采用定额税率，每件5元。（　　）

3. 对应税凭证，凡是两方或两方以上共同书立的，可约定金额或比例，共同完成印花税的纳税义务。（　　）

4. 国家指定的收购部门与村民委员会、农民个人书立的农副产品收购合同可免征印花税。（　　）

5. 在国外书立、领受，但在国内使用的应税凭证，以使用人为纳税人。（　　）

6. 印花税的计算可分为从价计税和从量计税两种，实行从价计税的凭证，以凭证件数为计税依据，实行从量计税的其他账簿和权利许可证照，以凭证所载金额为计税依据。（　　）

7. 凡是书立合同的，均要缴纳印花税。（　　）

8. 外国政府或国际金融组织向我国政府及国家金融机构提供优惠贷款所书立的合同也属于印花税的减免范围。（　　）

### 实务题

新成立的开源贸易公司 4 月份领取了营业执照、税务登记证、房产证、土地使用证、商标注册证各一件；资金账簿“实收资本”和“资本公积”账户记载资金 200 万元；新启用其他账簿 15 本；与银行订立借款合同一份，所载金额为 200 万元；与其他企业订立专有技术使用权书据一份，金额为 100 万元；订立材料采购合同一份，金额为 60 万元。

**要求：**计算开源贸易公司 4 月份应缴纳的印花税税额。

## 第二节　印花税的会计核算

### 单项选择题

1. 企业缴纳的印花税，是在（　　）时列支。

A. 购买印花税票　　B. 计算印花税

C. 粘贴印花税票　　D. 注销印花税票

2. 国外签订的合同，应于（　　）缴纳印花税。

A. 国外签订合同时　　B. 国外使用合同时

C. 国内使用合同时　　D. 国内履行完毕时

## 多项选择题

1. 企业购买的印花税票，可能记入的账户有（　　）。

A. “税金及附加”　　B. “管理费用”

C. “固定资产”　　D. “无形资产”

2. 印花税应于境内（　　）贴花。

A. 凭证书立时　　B. 证照领取时

C. 凭证生效时　　D. 合同签订时

## 判断题

1. 企业购买印花税票时，可直接在“固定资产”、“无形资产”、“税金及附加”等账户中列支。（　　）

2. 印花税的纳税义务发生时间为凭证生效时。（　　）

3. 国外签订的合同，即使境内使用，也不用缴纳印花税。（　　）

## 实务题

嘉禾公司某月发生下列业务：

1. 租入设备一批，使用 3 个月，设备价值 500 万元，租金 5 万元；
2. 与运输企业签订运输合同一份，合同记载运费金额 3 万元；
3. 与某仓库签订货物保管合同，半年保管费用 4 000 元；
4. 与保险公司签订财产保险合同一份，支付保险费 4 万元；
5. 委托另一企业加工材料，合同列示加工费 3 万元。

**要求**：计算嘉禾公司该月应缴纳的印花税税额，并做出相关的账务处理。

# 第九章 DIJIUZHANG

# 个人所得税及其会计核算

## 第一节 个人所得税概述

### 单项选择题

1. 个人所得税本着费用扣除从宽从简的原则，采用（　　）的方法。
   A. 定额扣除　　B. 定率扣除
   C. 定额扣除与定率扣除相结合　　D. 灵活多样扣除
2. 累进税率在个人所得税中的运用，可体现税收的（　　）功能。
   A. 等比负担　　B. 量能负担
   C. 调节收入分配　　D. 调节贫富差距
3. 我国目前采用的住所标准是（　　）。
   A. 永久性居住标准　　B. 习惯性居住标准
   C. 实际居住标准　　D. 某一特定时期居住标准
4. 临时离境是指一次离境或多次离境累计不超过一定期限，此期限规定分别是（　　）。
   A. 15 日、45 日　　B. 30 日、60 日
   C. 15 日、60 日　　D. 30 日、90 日
5. 下列人员属于个人所得税居民纳税人的是（　　）。
   A. 在中国境内居住满一年但无住所的外籍个人
   B. 2016 年 3 月 5 日至 2017 年 4 月 10 日在中国居住，多次离境累计 45 日，在中国境内无住所的台湾同胞
   C. 在境内无住所但某年度多次在境内居住，累计超过 90 日的华侨
   D. 在境内无住所又不居住的香港同胞
6. 下列人员属于个人所得税非居民纳税人的是（　　）。
   A. 具有中国国籍的国内公民　　B. 在国外留学的中国人

C. 在我国境内定居的外国侨民　　　　　D. 在我国居住不满一年的外籍人员

7. 某外国人 2015 年 2 月 14 日来华工作，2016 年 2 月 15 日回国，2016 年 3 月 10 日返回中国，2016 年无其他再离境情况，则该外国人（　　）。

A. 2015、2016 年度均为我国的居民纳税人

B. 2015、2016 年度均为我国的非居民纳税人

C. 2015 年度为我国的居民纳税人，2016 年度为我国的非居民纳税人

D. 2015 年度为我国的非居民纳税人，2016 年度为我国的居民纳税人

8. 北京某医院医生每月到外省医院取得专家坐诊的收入属于（　　）。

A. 工资、薪金所得　　　　　B. 个体工商户的生产、经营所得

C. 劳务报酬所得　　　　　D. 稿酬所得

9. 提供著作权使用权的所得，属于（　　）。

A. 劳务报酬所得　　　　　B. 稿酬所得

C. 特许权使用费所得　　　　　D. 偶然所得

10. 个人所得税以个人取得的所得为征税对象，具体包括（　　）项。

A. 7　　B. 9　　C. 11　　D. 13

## 多项选择题

1. 个人所得税与其他税种相比，具有下列特点（　　）。

A. 实行分类征收　　　　　B. 累进税率与定额税率并用

C. 费用扣除额较宽　　　　　D. 双向申报制度

2. 现行的个人所得税，采用定额与定率结合扣除办法的所得项目是（　　）。

A. 劳务、稿酬所得　　　　　B. 特许权使用费所得

C. 财产租赁所得　　　　　D. 财产转让所得

3. 现行的个人所得税，采用超额累进税率计算征收的所得项目是（　　）。

A. 工资、薪金所得　　　　　B. 个体工商户的生产经营所得

C. 劳务报酬所得　　　　　D. 对企事业单位的承包、承租经营所得

4. 个人所得税的纳税人是依据（　　）标准而划分为居民纳税人和非居民纳税人的。

A. 国籍　　B. 居住时间　　C. 住所　　D. 经济

5. 下列有关个人所得税纳税人的说法，正确的有（　　）。

A. 居民纳税人应就来源于中国境内的所得，向我国政府履行有限的纳税义务

B. 居民纳税人应就来源于中国境内和境外的所得，向我国政府履行全面的纳税义务

C. 非居民纳税人应就来源于中国境内的所得，向我国政府履行有限纳税义务

D. 非居民纳税人应就来源于中国境内和境外的所得，向我国政府履行全面的纳税义务

6. 下列人员是我国居民纳税人的有（　　）。

A. 在我国境内有住所的个人

B. 在我国境内无住所又不居住的个人

C. 在我国境内无住所但在境内居住满一年的个人

D. 在我国境内无住所但在境内居住不满一年的个人

7. 下列人员是我国非居民纳税人的是（　　）。

A. 在我国境内有住所的个人

B. 在我国境内无住所又不居住的个人

C. 在我国境内无住所但在境内居住满一年的个人

D. 在我国境内无住所但在境内居住不满一年的个人

8. 现行的个人所得税，采用比例税率计算征收的所得项目是（　　）。

A. 劳务报酬所得　　B. 工资、薪金所得

C. 财产转让所得　　D. 特许权使用费所得

9. 下列所得，不属于劳务报酬所得的有（　　）。

A. 个人的年终加薪

B. 个人兼职收入

C. 个人从事彩票代销业务取得的收入

D. 学生参加勤工俭学活动取得的收入

10. 下列所得，属于个体工商户的生产、经营所得的有（　　）。

A. 王某经有关部门批准，开饭店取得的所得

B. 张某应出版社要求提供翻译取得的所得

C. 军人李某取得的复员费

D. 向某经批准取得执照，从事医疗服务取得的所得

## 判断题

1. 个人所得税是对个人取得的各项所得征收的一种所得税。（　　）

2. 个人所得税的纳税人可分为居民纳税人和非居民纳税人两种。（　　）

3. 个人所得税的纳税人包括符合税法规定的中国公民、个体工商户业主以及在中国有所得的外籍人员（包括无国籍人员）、华侨和港澳台同胞。（　　）

4. 个人所得税的费用扣除采用累进扣除和比例扣除两种方法。（　　）

5. 居民纳税人就来源于我国境内的所得，向我国政府履行全面的纳税义务。（　　）

6. 纳税人临时离境，应视同在华居住，不扣减在华居住的天数。（　　）

7. 我国税法规定的时间标准是在中国境内连续居住满一个年度，达到这个标准的个人就是中国居民。（　　）

8. 对劳务报酬、稿酬、特许权使用费、财产租赁等所得，以每次收入减20%费用后的余额来确定应纳税所得额。（　　）

9. 个人所得税起源于法国，它是世界上最有发展前景的税种之一。（　　）

10. 个人所得税实行纳税人与扣缴义务人向税务机关双向申报制度。（　　）

## 实务题

琼斯为外籍个人，在中国境内无住所，同时在中国境内、境外机构担任职务。2014 年 3 月 6 日来华，2016 年 5 月 20 日离开。期间琼斯因工作原因曾于 2014 年 6 月 8 日离境，6 月 14 日返回；2015 年 3 月 5 日离境，3 月 20 日返回；2015 年 7 月 9 日离境，8 月 3 日返回。

**要求：**请问琼斯 2014 年、2015 年、2016 年分别是我国什么性质的纳税人，并说明原因。

# 第二节　个人所得税税率及计税依据

## 单项选择题

1. 工资、薪金所得适用于 5% ~45% 的（　　）级超额累进税率。

A. 3 级　　B. 5 级　　C. 7 级　　D. 9 级

2. 个人所得税的税率形式为（　　）。

A. 比例税率　　B. 定额税率

C. 超额累进税率　　D. 比例税率与超额累进税率并用

3. 工资薪金所得以（　　）为依据，适用七级超额累进税率表。

A. 日应纳税所得额　　B. 月应纳税所得额

C. 季应纳税所得额　　D. 年应纳税所得额

4. 个体工商户的生产经营所得，对企事业单位的承包经营、承租经营所得以及个人独资企业和合伙企业的生产经营所得以（　　）为依据，查五级超额累进税率表。

A. 日应纳税所得额　　B. 月应纳税所得额

C. 季应纳税所得额　　D. 年应纳税所得额

5. 对稿酬所得征收个人所得税的实际税率为（　　）。

A. 14%　　B. 20%　　C. 30%　　D. 40%

6. 对个人出租住房取得的所得暂减按（　　）征收个人所得税。

A. 5%　　B. 10%　　C. 15%　　D. 20%

7. 个人将其所得通过中国境内的社会团体、国家机关向教育和其他社会公益事业以及遭受严重自然灾害地区、贫困地区的捐赠，捐赠额未超过纳税人申报的应纳税所得额（　　）的部分，可以从应纳税所得额中扣除，超过部分不得扣除。

A. 10%　　B. 15%　　C. 20%　　D. 30%

8. 个人将除偶然所得之外的其他所得用于对非关联的科研和高等学校研究开发“三新”所发生的研究开发经费的资助，经主管税务机关确定，可以在下月（次）或当年计征个人所得税时（　　）扣除。

A. 按应纳税所得额的30%申报扣除

B. 按应纳税所得额的部分比例申报扣除

C. 从应纳税所得额中扣除，不足抵扣的，不得结转扣除

D. 从应纳税所得额中扣除，不足抵扣的，结转下年继续扣除

9. 下列所得，可免纳个人所得税的有（　　）。

A. 个人因灾害取得的保险赔款

B. 残疾人员的劳务所得

C. 因严重灾害造成损失的个人取得的其他所得

D. 军烈属取得的个人劳务所得

10. 下列所得，可减征个人所得税的有（　　）。

A. 军人的专业费、复员费　　B. 福利费、抚恤金、救济金

C. 按国家规定发给的补贴、津贴　　D. 孤老人员取得的劳务所得

11. 所谓“劳务报酬所得一次收入畸高的”是指（　　）。

A. 个人一次取得的劳务报酬所得超过2万元

B. 个人一次取得的劳务报酬所得超过5万元

C. 个人一次取得的劳务报酬的应纳税所得额超过2万元

D. 个人一次取得的劳务报酬的应纳税所得额超过5万元

## 多项选择题

1. 个人所得税中适用5% ~35%的五级超额累进税率的所得项目有（　　）。

A. 工资薪金所得

B. 个体工商户的生产经营所得

C. 对企事业单位的承包经营、承租经营所得

D. 个人独资企业和合伙企业的生产经营所得

2. 下列所得适用20%比例税率的有（　　）。

A. 工资薪金所得　　B. 特许权使用费所得

C. 财产转让、财产租赁所得　　D. 利息、股息、红利所得

3. 对劳务报酬所得，下列说法正确的是（　　）。

A. 适用20%的比例税率

B. 一次收入畸高的，可采取加成征收办法

C. 加成征税采取超额累进办法

D. 费用扣除采用定额和定率相结合的办法

4. 个人取得的应税收入可以是下列形式的有（　　）。

A. 现金　　B. 实物　　C. 有价证券　　D. 合同

5. 我国现行的个人所得税采取分项确定、分类扣除的办法，对不同所得可采用下列（　　）办法。

A. 定额扣除　　B. 定率扣除

C. 会计核算办法扣除　　D. 不作任何扣除

6. 个人所得税中，不得扣除任何费用的所得项目是（　　）。

A. 稿酬所得　　B. 利息、股息、红利所得

C. 偶然所得　　D. 其他所得

7. 个人的下列（　　）支出，允许在税前的所得额中全额扣除。

A. 个人通过中国境内的社会团体、国家机关向教育和其他社会公益事业以及遭受严重自然灾害地区、贫困地区的捐赠支出

B. 个人通过非营利的社会团体和国家机关向红十字事业的捐赠支出

C. 个人通过非营利的社会团体和国家机关向农村义务教育的捐赠支出

D. 个人通过非营利的社会团体和国家机关对公益性青少年活动场所的捐赠支出

8. 下列所得属于个人所得税中免税项目的有（　　）。

A. 国家发行的金融债券利息收入

B. 诺贝尔奖

C. 国务院国家科学技术奖励委员会颁发的国家科学技术奖

D. 按国家统一规定发给干部、职工的安家费、退职费、离（退）休工资、离休生活补助费

9. 采用会计核算办法扣除有关成本、费用或规定的必要费用的所得项目是（　　）。

A. 工资薪金所得

B. 财产转让所得

C. 对企事业单位的承包经营、承租经营所得

D. 个体工商户的生产、经营所得

10. 下列属于减征个人所得税的项目有（　　）。

A. 残疾、孤老人员和烈属的所得　　B. 因严重自然灾害造成重大损失的

C. 经国务院财政部门批准减税的　　D. 离休生活补助费

## 判断题

1. 个人所得税的税率有超额累进税率和比例税率两种。（　　）

2. 偶然所得和其他所得适用超额累进税率。（　　）

3. 个人所得税为了体现国家政策，有效调节收入，对有关所得项目规定予以减征或加成征收。（　　）

4. 储蓄存款利息按利息所得项目依20%的税率征收个人所得税。（　　）

5. 个人所得税的计税依据是纳税人取得的所有收入。（　　）

6. 对劳务报酬所得、稿酬所得、特许权使用费所得和财产转让所得，采取定额和定率相结合的费用扣除办法。（　　）

7. 利息、股息、红利所得和偶然所得，因不涉及必要费用的支付，所以规定不得扣除任何费用。（　　）

8. 对个人直接向受灾地区的捐赠，允许在当年个人所得税前全部扣除。（　　）

9. 残疾人员只要取得所得，均可享受减免税政策。（　　）

10. 依照我国法律规定应予免税的各国驻华使馆、领事馆的外交代表、领事官员等人员的所得可以免征个人所得税。（　　）

## 第三节　个人所得税的计算

### 单项选择题

1. 个人所得税的工资、薪金所得采取（　　）计税办法。

A. 按月征收　　B. 按季征收　　C. 按年征收　　D. 按次征收

2. 对在境内外国企业中工作的外籍人员，计算个人所得税时应采取的扣除标准是（　　）元。

A. 1 300　　B. 2 000　　C. 3 500　　D. 4 800

3. 某外资企业员工张某本月应发工资为10 000元，其中“三险一金”共计2 000元，张某本月没有迟到请假等扣款事项，其本月单位应代扣代缴个人所得税是（　　）元。

A. 215　　B. 345　　C. 745　　D. 1 045

4. 中国公民王某3月份取得工资收入3 000元，年终又取得全年一次性奖金收入12 000元，王某就此两项所得应缴纳的个人所得税为（　　）元。

A. 255　　B. 300　　C. 345　　D. 360

5. 计算个人所得税时，个体工商户业主的费用扣除标准统一确定为（　　）元。

A. 每年3 500　　B. 每年9 600

C. 每年24 000　　D. 每年42 000

6. 陈先生有一个人独资企业甲，实行查账征收的办法，本年全年取得主营业务收入70万元，投资收益10万元，无其他利润增项，另期间费用账户列支业务宣传费和广告费共3万元，该独资企业甲允许税前扣除的广告费和业务宣传费是（　　）万元。

A. 0.45　　B. 3　　C. 10.5　　D. 12.5

7. 下列关于个人独资企业和合伙企业缴纳个人所得税的表述，正确的是（　　）。

A. 企业计提的必要准备金可以扣除

B. 投资兴办两个或两个以上独资企业时，年终各自汇算清缴

C. 企业生产经营和投资者家庭生活共用的固定资产难以划分的，计征个人所得税时一律不许在税前扣除

D. 企业经营多个行业的，无论其经营项目是否单独核算，均应根据其主营项目确定其适用的应税所得率

8. 某独资企业，本年财务资料如下：收入合计 45 万元，成本合计 40 万元，经税务机关核实，该独资企业未能正确核算收入，税务机关对企业核定征收所得税，应税所得率为 20%，本年应纳个人所得税（　　）万元。

A. 1.425　　B. 1.725　　C. 2.025　　D. 2.4625

9. 个人取得的所得，在定额或定率扣除规定费用后，还允许扣除其他税费和修缮费用的是（　　）项目。

A. 劳务报酬所得　　B. 稿酬所得

C. 特许权使用费　　D. 财产租赁所得

10. “以个人每次转让取得的收入额扣除财产原值和合理费用后的余额为应纳税所得额”是个人所得税中（　　）的计税方法。

A. 稿酬所得　　B. 特许权使用费所得

C. 财产转让所得　　D. 股利所得

11. 张某由本单位派往一外资企业工作，派遣单位和雇佣单位每月分别支付给张先生工资 2 400 元和 6 600 元。则张先生每月应纳的个人所得税为（　　）元。

A. 185　　B. 725　　C. 360　　D. 545

## 多项选择题

1. 个人所得税中，下列人员符合附加减除费用适用范围的有（　　）。

A. 在境内外资企业中工作的美籍华人

B. 应聘在境内企事业、社会团体、国家机关工作的外籍专家

C. 在境内有住房但在境外任职或受雇取得工资薪金的个人

D. 国务院财政、税务主管部门确定的其他人员

2. 在外商投资企业、外国企业和外国驻华使馆工作的中方人员从雇用单位和派遣单位分别取得工资、薪金所得时，其缴纳个人所得税的办法，下列说法正确的有（　　）。

A. 雇佣单位在支付工资时减除费用，再计算扣缴个人所得税

B. 雇佣单位在支付工资时不减除费用直接计算扣缴个人所得税

C. 派遣单位在支付工资时减除费用，再计算扣缴个人所得税

D. 派遣单位在支付工资时不减除费用直接计算扣缴个人所得税

3. 下列关于个体工商户每一纳税年度发生的业务招待费支出，说法正确的有（　　）。

A. 与生产经营业务直接相关的业务招待费支出可以扣除

B. 按业务招待费支出发生额的 60% 扣除

C. 最高扣除标准不得超过销售（营业）收入的5‰

D. 未扣除部分准予在以后的纳税年度结转扣除

4. 对个人独资企业和合伙企业的生产、经营所得，其个人所得税的计算可采用（　　）办法。

A. 查账征收　　B. 查验征收　　C. 核定征收　　D. 其他

5. 下列关于个人独资企业和合伙企业个人所得税征收的表述，正确的有（　　）。

A. 个人独资企业和合伙企业投资者的工资按“工资薪金所得”项目征收

B. 个人独资企业和合伙企业的投资者及其家庭的生活费用准予在税前扣除

C. 实行核定征税的投资者，不能享受个人所得税的优惠政策

D. 实行查账征税方式的个人独资企业和合伙企业改为核定征税方式后，在查账征税方式下认定的年度经营亏损未弥补完的部分，不得再继续弥补

6. 下列个人所得在计算个人所得税时，可按月减除3 500元的有（　　）。

A. 劳务报酬所得

B. 工资薪金所得

C. 个体工商户业主的生产、经营所得

D. 对企事业单位的承包、承租经营所得

7. 下列项目以多次收入作为一次性收入计算缴纳个人所得税的有（　　）。

A. 张某8月份讲课四次，每次取得收入500元

B. 李某出书一本，出版社分两次支付稿酬，分别是20 000元和5 000元

C. 杨某出租住房，月租金500元，即年租金收入6 000元

D. 吴某承接一装修业务，装修房屋3个月，每月收入2 000元

8. 个人在出租财产过程中发生的修缮费用，其扣除办法，下列说法正确的有（　　）。

A. 每次可按实际发生额扣除

B. 每次扣除以800元为限

C. 一次扣除不完的，准予继续扣除两次

D. 一次扣除不完的，准予继续扣除，直至扣完为止

9. 个人所得税中，纳税人对企事业单位进行承包、承租经营，取得的所得包括（　　）。

A. 个人承包、承租经营所得

B. 个人转包、转租取得的所得

C. 个人经政府有关部门批准，取得执照，从事咨询业务取得的所得

D. 个人按次从承包企业取得的工薪性质的所得

10. 下列所得可采用分期预缴、年终汇算清缴所得税的有（　　）。

A. 个体工商户的生产经营所得

B. 采掘业人员取得的工资薪金所得

C. 年终一次性取得承租经营所得

D. 财产租赁所得

## 判断题

1. 工资、薪金所得在确定个人所得税的应税所得额时，“三险一金”允许扣除。（　）

2. 纳税人从雇佣单位和派遣单位分别取得工资薪金收入的，雇佣单位和派遣单位扣缴个人所得税后，纳税人不用再缴纳个人所得税。（　）

3. 对采掘业、远洋运输业等特定行业职工工资薪金所得的应纳税款，可以年内预缴，年度终了后30日内，合计全年工资薪金所得，按12个月平均计算实际应纳税款，多退少补。（　）

4. 对雇员取得的全年一次性奖金，应不扣除任何费用，单独就全年一次性奖金确定适用的税率和速算扣除数计算其应纳税额。（　）

5. 个体工商户在生产经营期间发生的借款利息支出，凡有合法证明的，均准予在税前扣除。（　）

6. 个体工商户和从事生产经营的个人，取得与生产经营活动无关的各项应税所得，应分别适用各应税项目的规定征税个人所得税。（　）

7. 个体工商户的生产经营所得，应采取按年计算，分月或分季预缴，年终汇算清缴、多退少补的办法缴纳个人所得税。（　）

8. 合伙企业发生的与生产经营有关的业务招待费，在营业（销售）收入5‰以内的部分可据实扣除。（　）

9. 退休人员再任职取得的收入按劳务报酬所得项目征收个人所得税。（　）

10. 个人取得的应税所得，难以界定应纳税所得项目的，由主管税务机关确定。（　）

## 实务题

1. 大成煤矿采掘工人王凡，2016年各月工资和税款预缴情况见表9－1。请计算说明王凡2016年应纳个人所得税的情况。

表9－1　**王凡2016年各月工资及税款预缴**　单位：元

| 月份 | 1 | 2 | 3 | 4 | 5 | 6 | 7 | 8 | 9 | 10 | 11 | 12 |
|---|---|---|---|---|---|---|---|---|---|---|---|---|
| 工资收入 | 4 300 | 4 200 | 4 000 | 3 700 | 3 500 | 3 200 | 3 200 | 3 600 | 3 700 | 4 000 | 4 500 | 4 300 |
| 预缴税款 | 24 | 21 | 15 | 6 | 0 | 0 | 0 | 3 | 6 | 15 | 30 | 24 |

2. 陈林承包经营一家饭店，合同规定，每年向发包单位上缴承包费 7 万元，其余经营成果归其所有。2016 年承包经营利润 20 万元，缴纳企业所得税 4 万元。

**要求**：计算陈林当年应纳个人所得税。

3. 演员张欢某月参加巡回演出 5 场，取得报酬 50 000 元。

**要求**：计算演员张欢应纳个人所得税。

4. 本年中国公民赵森取得如下所得：

（1）每月工资 3 300 元，已按规定扣除社会保险和住房公积金等 720 元，12 月又取得年度绩效工资 30 000 元；

（2）设计一款产品包装，取得设计费 3 000 元；

（3）12 月正式出书一本，取得稿酬 20 000 元；

（4）将一旧房出租，年租金收入 18 000 元，租期一年，每月缴纳有关税费 180 元，3 月因下水管堵漏，发生修缮费用 1 000 元；

（5）出售 A 股票取得净收入 30 000 元，股票买入时成本加税费共计 26 000 元；

（6）购买国债取得利息收入 4 000 元，银行储蓄存款利息共计 2 000 元，参加有奖销售中奖 5 000 元，将其中的 2 000 元通过有关国家机关捐赠给农村义务教育。

**要求**：确定公民赵森本年度的各项所得应如何纳税？应纳多少个人所得税？

5. 季先生有一个人独资企业，本年营业收入200万元，营业成本110万元，税金及附加12万元，期间费用60万元，营业外支出5万元，利润总额13万元。税务部门重点审核了如下事项：

（1）工资支出26万元中，其中有投资者本人的工资支出6万元；实际上缴三项经费共4.81万元；

（2）期间费用中列支业务招待费5万元，广告宣传费30万元，向其他企业借款50万元，利息支出6万元，当期金融机构同类同期贷款利率为10%；

（3）营业外支出中列支企业通过宋庆龄基金会向贫困地区捐赠3万元。

**要求：**确定上述支出是否符合国家税法规定，并正确计算该独资企业的应纳个人所得税额。

## 第四节　个人所得税的会计核算

### 单项选择题

1. 税务机关对扣缴义务人按扣缴税款支付的2%的手续费，扣缴义务人应设置（　　）账户来进行核算。

A. “主营业务收入”　　B. “其他业务收入”

C. “营业外收入”　　D. “管理费用”

2. 企、事业单位按规定计算出应扣缴税款并据以填写扣缴个人所得税申报表后所做的会计处理应为（　　）。

A. 借：所得税费用

　　贷：应交税费——应交个人所得税

B. 借：应付职工薪酬

　　贷：应交税费——应交个人所得税

C. 借：应交税费——应交个人所得税

　　贷：银行存款

D. 借：银行存款

　　贷：营业外收入

3. 扣缴义务人按规定上缴代扣缴的个人所得税税款后，按税务机关开出的完税凭证应做会计处理为（　　）。

A. 借：所得税费用

贷：应交税费——应交个人所得税

B. 借：应付职工薪酬

贷：应交税费——应交个人所得税

C. 借：应交税费——应交个人所得税

贷：银行存款

D. 借：银行存款

贷：营业外收入

4. 税务机关开出收入退还书支付扣缴义务人2%手续费的时候，扣缴义务人所做的账务处理应为（　　）。

A. 借：所得税费用

贷：应交税费——应交个人所得税

B. 借：应付职工薪酬

贷：应交税费——应交个人所得税

C. 借：应交税费——应交个人所得税

贷：银行存款

D. 借：银行存款

贷：营业外收入

5. 个体工商户、承包、承租经营企事业单位、个人独资或合伙企业的投资者缴纳个人所得税的核算程序与企业所得税基本相同，按规定计算应交个人所得税税额并填写纳税申报表时应做的账务处理为（　　）。

A. 借：所得税费用

贷：应交税费——应交个人所得税

B. 借：应付职工薪酬

贷：应交税费——应交个人所得税

C. 借：应交税费——应交个人所得税

贷：银行存款

D. 借：银行存款

贷：营业外收入

6. 下列所得项目中，不采用代扣代缴方式征收个人所得税的是（　　）。

A. 财产转让所得

B. 财产租赁所得

C. 企事业单位的承包经营、承租经营所得

D. 个体工商户的生产经营所得

7. 扣缴义务人每月所扣的税款，应当在（　　）缴入国库。

A. 7日内　　B. 次月7日内　　C. 10日内　　D. 次月10日内

## 多项选择题

1. 扣缴义务人扣缴税款前后可能做的账务处理有（　　）。

A. 借：所得税费用

　　贷：应交税费——应交个人所得税

B. 借：应付职工薪酬

　　贷：应交税费——应交个人所得税

C. 借：应交税费——应交个人所得税

　　贷：银行存款

D. 借：银行存款

　　贷：营业外收入

2. 个体工商户、个人独资或合伙企业的投资者缴纳个人所得税前后所做的账务处理有（　　）。

A. 借：所得税费用

　　贷：应交税费——应交个人所得税

B. 借：应付职工薪酬

　　贷：应交税费——应交个人所得税

C. 借：应交税费——应交个人所得税

　　贷：银行存款

D. 借：银行存款

　　贷：营业外收入

3. 个人所得税申报实行双向申报制度，即（　　）两种。

A. 个人自行申报　　B. 单位自行申报

C. 纳税人自行申报　　D. 扣缴义务人代扣代缴

4. 扣缴义务人申报扣缴的个人所得税时，应向税务机关报送下列（　　）资料。

A. 扣缴个人所得税报告表　　B. 代扣代缴税款凭证

C. 支付个人收入明细表　　D. 税务机关要求报送的其他资料

## 判断题

1. 扣缴义务人向个人支付应税所得时，不论其是否属于本单位人员，支付的应税所得是否达到纳税标准，扣缴义务人均应在代扣税款的次月内，向主管税务机关报送其支付应税所得个人的基本信息、支付所得项目和数额、扣缴税款数额以及其他相关涉税信息。这种申报方式即全员全额扣缴申报。（　　）

2. 税务机关应对扣缴义务人按照所扣缴的税款，支付5%的手续费。（　　）

3. 凡是支付个人所得的单位和个人，均有代扣代缴个人所得税的法定义务。（　　）

4. 扣缴义务人代扣代缴税款的范围涵盖了个人所得税的所有类目。 （ ）

5. 扣缴义务人代扣代缴税款的会计处理涉及代扣税款、代缴税款、取得手续费收入三个程序的会计核算。 （ ）

## 实务题

凯顺公司8月份销售部门人员工资表的部分内容如表9-2所示。

表9-2 凯顺公司销售部门人员工资明细表

××年8月

单位：元

| 姓　名 | 应发工资 | 基本医疗保险（2%） | 基本养老保险（8%） | 失业保险（1%） | 住房公积金（10%） | 应纳税额 | 实发工资 |
|---|---|---|---|---|---|---|---|
| 王文静 | 4 800 | | | | | | |
| 吕　芳 | 4 500 | | | | | | |
| 李彬祁 | 5 300 | | | | | | |
| 刘　磊 | 4 200 | | | | | | |
| 韩　峰 | 5 100 | | | | | | |
| 合　计 | 23 900 | | | | | | |

**要求：**

1. 请按要求把表中数据补充完整，并编制工资计提和扣缴个人所得税的账务处理；

2. 假设凯顺公司扣缴其他个人所得税共33 000元，对凯顺公司收到税务部门出具的完税凭证做出账务处理；

3. 对税务部门开出的按2%比例支付给凯顺公司手续费的收入退还书做出账务处理。

# 第十章 DISHIZHANG

# 税收管理

## 第一节 税务登记管理

### 单项选择题

1. 从事生产、经营的纳税人领取工商营业执照的，应当自领取工商营业执照（　　）申报办理税务登记。

A. 之日起30日内　　B. 次日起30日内

C. 之日起3个月内　　D. 次日起3个月内

2. 纳税人被工商行政管理机关吊销营业执照或者被其他机关予以撤销登记的，应当自营业执照被吊销或者被撤销登记之日起（　　）日内，向原税务登记机关申报办理注销税务登记。

A. 30　　B. 15　　C. 10　　D. 45

3. 纳税人因住所、经营地点变动，涉及改变税务登记机关的，应当向原税务登记机关申报办理（　　）。

A. 停业、复业登记　　B. 变更登记

C. 注销税务登记　　D. 报验登记

4. 有独立经营权、在财务上独立核算并定期向发包人或者出租人上交承包费或租金的承包承租人，应当向（　　）税务机关办理税务登记。

A. 注册成立地　　B. 机构所在地

C. 承包承租业务发生地　　D. 出租人所在地

5. 根据税法规定可以不办理税务登记的扣缴义务人，应当自扣缴义务发生之日起（　　）日内，向所在地的主管税务机关申报办理扣缴税款登记，领取扣缴税款登记证件。

A. 60　　B. 40　　C. 30　　D. 15

6. 企业、企业在外地设立的分支机构和从事生产、经营的场所，个体工商户和从事生产、经营的事业单位，向（　　）的国税、地税局申报办理税务登记。

A. 企业注册地

B. 企业生产经营所在地

C. 在注册地和生产经营所在地之间选择

D. 产品销售地

7. 下列不属于变更税务登记的事项是（　　）。

A. 纳税人因经营地点的迁移而要改变原主管税务机关的

B. 改变法定代表人

C. 增减注册资金

D. 改变开户银行账号

8. 纳税人应当于（　　）向税务机关申报办理复业登记。

A. 恢复生产经营后 30 日之内　　B. 恢复生产经营后 15 日之内

C. 恢复生产经营后 10 日之内　　D. 恢复生产经营之前

9. 纳税人税务登记内容发生变化的，应当向（　　）申报办理变更税务登记。

A. 地（市）级税务机关　　B. 县（市）级税务机关

C. 原税务登记机关　　D. 原工商登记机关

10. 纳税人的停业期限不得超过（　　）。

A. 2 年　　B. 1 年　　C. 6 个月　　D. 3 个月

## 多项选择题

1. 下列应当办理税务登记的是（　　）。

A. 国家机关

B. 个体工商户

C. 企业在外地设立的分支机构

D. 税法规定应纳税但暂享受免税待遇的单位和个人

2. 纳税人在申报办理税务登记时，应如实填写税务登记表，税务登记表的主要内容包括（　　）。

A. 单位住所、经营地　　B. 注册资本

C. 财务负责人　　D. 核算方式

3. 注销税务登记的适用范围有（　　）。

A. 纳税人因故需要歇业的

B. 纳税人的法定代表人发生变更的

C. 纳税人被工商行政管理机关吊销营业执照的

D. 纳税人因住所、经营地点变更，涉及改变主管税务机关的

4. 税务登记的种类包括（　　）。

A. 开业税务登记　　B. 停业、复业登记

C. 注销税务登记　　D. 变更登记

5. 下列关于设立税务登记的说法中，正确的有（　　）。

A. 从事生产、经营的纳税人领取工商营业执照的，应当自领取营业执照起 30 日内申报办理税务登记，税务机关核发税务登记证及副本

B. 从事生产、经营的纳税人未办理工商营业执照也未经有关部门批准设立的，应当自纳税义务发生之日起 30 日内申报办理税务登记，税务机关核发临时税务登记证及副本

C. 境外企业在中国境内承包建筑、安装、装配、勘探工程和提供劳务的，应当自项目合同或协议签订之日起 30 日内，向项目所在地税务机关申报办理税务登记，税务机关核发临时税务登记证及副本

D. 已办理税务登记的扣缴义务人应当自扣缴义务发生之日起 30 日内，向税务登记地税务机关申报办理扣缴税款登记，税务机关核发扣缴税款登记证件

6. 纳税人办理税务登记后，应当办理税务变更登记的情况有（　　）。

A. 名称的改变

B. 增加注册资本

C. 经营地点迁出原登记的县（市）

D. 改变基本存款账户、账号

7. 已在工商行政管理机关办理变更登记的纳税人，在办理企业变更税务登记时需要提供的证件资料有（　　）。

A. 工商营业执照　　　　B. 工商登记变更表

C. 原税务登记证件　　　　D. 纳税人变更的有关登记证明

8. 以下有关纳税人办理停业、复业税务登记的叙述正确的有（　　）。

A. 税务机关应收缴其税务登记证件及其副本

B. 纳税人停业期间发生纳税义务的，应按规定申报缴纳税款

C. 纳税人应当于恢复生产经营后，向税务机关办理复业登记

D. 纳税人的停业期限不得超过 1 年

9. 新办有限公司申报办理税务登记时，应当根据不同情况向税务机关如实提供（　　）证件和资料。

A. 工商营业执照

B. 公司章程

C. 其他需要提供的有关证件、资料

D. 组织机构统一代码证书

10. 根据我国《税收征管法》规定，以下不需要向纳税义务发生地税务机关申报办理税务登记的有（　　）。

A. 国家机关　　　　B. 个人

C. 个体工商户　　　　D. 无固定经营场所的流动性农村小商贩

11. 下列各项中属于需要办理注销税务登记的情形有（　　）。

A. 企业破产终止纳税义务的

B. 被吊销营业执照的

C. 企业名称发生改变的

D. 由于经营地点变动改变主管税务机关的

12. 纳税人办理注销税务登记前，应当向税务机关提交相关证明文件和资料，并结清（　　），缴销发票，税务登记证件等。

A. 应纳税款　　B. 多退（免）税款

C. 滞纳金　　D. 罚款

13. 税务登记证件包括（　　）。

A. 工商营业执照　　B. 税务登记表

C. 税务登记证及其副本　　D. 临时税务登记证及其副本

## 判断题

1. 税务登记时税务机关对纳税人的生产、经营活动进行登记并据此对纳税人实施税务管理的一种制度。（　　）

2. 税务机关对税务登记证件实行定期验证制度。（　　）

3. 纳税人办理停业的，停业期限不得超过 6 个月。（　　）

4. 纳税人被吊销营业执照的，应当自被吊销营业执照之日起 15 日内向经营地税务机关办理注销税务登记。（　　）

5. 从事生产、经营的纳税人，未办理工商营业执照但经有关部门批准设立的，应当从有关部门批准设立之日起 30 日内办理税务登记。（　　）

6. 纳税人在停业期间发生纳税义务的，可以暂不办理纳税申报，待复业后一并办理纳税申报。（　　）

7. 纳税人发生解散，依法终止纳税义务的应在向工商行政管理机关或其他机关办理注销登记后持有关证件和材料向原税务登记机关申报办理注销税务登记。（　　）

8. 纳税人税务登记表的内容发生变更的，税务机关应重新核发税务登记证件。（　　）

9. 申请停业的纳税人应当于恢复生产经营后向税务机关申请办理复业登记。（　　）

10. 按照规定不需要在工商行政管理机关办理注销登记的纳税人，应当自有关机关批准或者宣告终止之日起 30 日内，向原税务登记机关申报办理注销税务登记。（　　）

11. 实行定期定额征收方式的个体工商户需要停业的，应当在停业前向税务机关申报办理停业登记。（　　）

12. 税法规定可以不办理扣缴税款登记的扣缴义务人，应当自扣缴义务发生之日起 30 日内，向所在地的主管税务机关申报办理扣缴税款登记，领取扣缴税款登记证件；税务机关对已办理税务登记的扣缴义务人，可以只在其税务登记证件上登记扣缴税款事项，不再发给扣缴税款登记证件。（　　）

13. 纳税人已在工商行政管理机关办理变更登记的，应当自工商行政管理机关变更登记之日起 30 日内向原税务登记机关办理变更税务登记。（　　）

# 第二节　发票管理

## 单项选择题

1. 发票是指在购销商品、提供或者接受服务以及从事其他经营活动中，开具、收取的（　　）。

A. 收款凭证　　B. 付款凭证

C. 电子凭证　　D. 收付款凭证

2. 纳税人提供餐饮劳务应当开具（　　）。

A. 普通发票　　B. 增值税专用发票

C. 专业发票　　D. 不开具发票

3. 以下不属于发票，不用纳入发票管理的是（　　）。

A. 经营性活动的收付款凭证　　B. 单位内部结算凭证

C. 红十字会接受捐赠开具的收款凭证　　D. 铁路上出具的火车票

4. 单位临时到外省、自治区、直辖市从事经营活动，应当使用（　　）。

A. 注册地的发票　　B. 经营地的发票

C. 注册地或经营地的发票　　D. 不开具发票

5. 临时到本省、自治区、直辖市以外从事经营活动的单位或者个人，应当凭（　　），向经营地税务机关领购经营地的发票。

A. 所在地发票领购簿　　B. 外出经营税收管理证明

C. 所在地税务机关证明　　D. 经营地税务机关认证

6. 开具发票应当按照规定的时限、顺序、栏目，全部联次一次性如实开具，并加盖（　　）。

A. 财务专用章　　B. 发票专用章

C. 财务专用章或发票专用章　　D. 公章

7. 已经开具的发票存根联和发票登记簿，应当保存（　　）年。保存期满，报经税务机关查验后销毁。

A. 3　　B. 5　　C. 8　　D. 10

8. 铁路、公路、水上运输等单位使用的发票为（　　）。

A. 专业发票　　B. 行业发票　　C. 专用发票　　D. 增值税专用发票

9. 以下开具发票使用文字不正确的是（　　）。

A. 使用中文

B. 外资企业同时使用中文和外文

C. 民族自治地方同时使用中文和民族文字

D. 外资企业只使用外文

10. 下列有关增值税专用发票的表述中，不正确的是（　　）。

A. 增值税专用发票是专供增值税一般纳税人销售货物或应税劳务时使用的一种特殊发票

B. 只有经国家税务机关认定为增值税一般纳税人的才能领购增值税专用发票，小规模纳税人和法定情形的一般纳税人不得领购使用

C. 只要是一般纳税人就可以开具增值税专用发票

D. 增值税专用发票应当使用防伪税控系统开具

11. 填开发票的单位和个人必须在（　　）开具发票。未发生经营业务一律不准开具发票。

A. 收到现金　　B. 收到银行汇款

C. 发生经营业务确认营业收入时　　D. 发生经营业务确认货款已到时

## 多项选择题

1. 需要领购发票的单位和个人，应当持（　　），按照国务院税务主管部门规定样式制作的发票专用章的印模，向主管税务机关办理发票领购手续。

A. 税务登记证件　　B. 发票领购簿　　C. 公章　　D. 领购人员身份证明

2. 需要临时使用发票的单位和个人，可以凭（　　）直接向经营地税务机关申请代开发票。

A. 税务登记证件　　B. 经办人身份证

C. 经营活动书面证明　　D. 单位介绍信

3. 《发票管理办法》规定开具发票的单位和个人应当（　　）。

A. 建立发票使用登记制度

B. 设置发票登记簿

C. 专人保管制度

D. 按照税务机关的规定存放和保管发票，不得擅自销毁

4. 以下属于发票领购方式的有（　　）。

A. 批量供应　　B. 验旧购新

C. 交旧购新　　D. 发售担保

5. 下列关于发票开具要求的表述不正确的有（　　）。

A. 单位和个人应在发生经营业务，确认营业收入时，才能开具发票。特殊情况下，未发生经营业务也可开具发票

B. 使用电子计算机发票，必须报主管税务机关批准，并使用税务机关统一监制的机外发票

C. 发票专用章或财务专用章一律不得在印制发票时套印

D. 任何单位和个人不得转借、转让发票，但可以代开发票

6. 下列企业中，属于专业发票使用范围的有（　　）。

A. 商品零售企业　B. 国有邮政　C. 国有广告企业　D. 国有金融企业

7. 任何单位和个人不得（　）发票。

A. 转借　B. 拆本使用　C. 转让　D. 代开

8. 下列各项中属于违反发票管理法规的行为是（　）。

A. 向税务机关以外的单位和个人领购发票

B. 应取得而未取得发票

C. 丢失发票

D. 应开具而未开具发票

9. 开具发票应当按照规定的（　）如实开具，并加盖单位财务专用章或者发票专用章。

A. 时限　B. 顺序　C. 联次逐栏　D. 全部联次一次性

10. 以下属于发票的是（　）。

A. 增值税专用发票　B. 商业零售统一发票

C. 商业批发统一发票　D. 话费收据

11. 下列关于发票开具要求的表述错误的有（　）。

A. 未发生经营业务不得开具发票

B. 开具发票时应按号顺序填开

C. 所有发票使用者填写发票都必须使用中文

D. 发票开具时限可以根据需要进行调整

12. 以下符合增值税专用发票作废条件的有（　）。

A. 收到退回的发票联，抵扣联时间未超过销售方开票当月

B. 销售方未抄税并且未记账

C. 购买方未认证

D. 购买方认证结果为“纳税人识别号认证不符”

13. 根据发票管理规定，以下（　）情况，购买方可要求销售方重新开具专用发票。

A. 无法认证　B. 纳税人识别号认证不符

C. 专用发票代码、号码认证不符　D. 发票丢失

14. 以下有关发票缴销的叙述正确的有（　）。

A. 用票单位已使用的发票存根保存期满后，可以向税务机关申请缴销

B. 用票单位和个人作废的发票，不可以自行处理

C. 用票单位已购发票使用期满后，应集中送税务机关缴销

D. 用票单位在使用发票过程中发现次版发票时，应向税务机关申请缴销

15. 增值税一般纳税人领购增值税专用发票需要提供的资料有（　）。

A. 税务登记证件　B. 发票领购簿

C. IC 卡　D. 经办人身份证明

16. 增值税一般纳税人有（　）情形的，不得领购开具增值税专用发票。

A. 会计核算不健全

B. 税收违法行为，拒不接受税务机关处理的

C. 向税务机关以外的单位和个人买取专用发票

D. 未按规定接受税务机关检查

17. 纳税人以下经营业务中不得开具增值税专用发票的有（　　）。

A. 中兴商场零售给消费者的化妆品　　B. 中兴商场批发给友谊商店的方便面

C. 中兴商场销售的免税货物　　D. 中兴商场销售给发达集团的冰箱

18. 以下属于增值税专用发票开具要求的是（　　）。

A. 项目齐全　　B. 字迹清楚

C. 发票联和抵扣联加盖财务专用章　　D. 按照纳税义务发生时间开具

## 判断题

1. 作废的增值税专用发票须在防伪税控系统中将相应的数据电文按“作废”处理，在纸质专用发票各联次上注明“作废”字样，全联次留存。（　　）

2. 任何企业领购发票，都必须交验原领购且已使用过的发票存根，经主管税务机关审核无误后才能领用。（　　）

3. 单位和个人领购发票时，应当按照税务机关的规定报告发票使用情况，税务机关应按照规定进行查验。（　　）

4. 一般纳税人丢失专用发票的抵扣联，如果丢失前未认证的，可以使用专用发票的发票联到主管税务机关认证，专用发票的发票联复印件留备查。（　　）

5. 只要是增值税一般纳税人，就可以领购增值税专用发票。（　　）

6. 依法不需要办理税务登记的单位和个人，在发生临时经营业务需要使用发票的，可按法定程序，凭单位介绍信和其他有效证件向当地主管税务机关办理。（　　）

7. 根据《发票管理办法》的规定，发票不能错后开具，但可以提前开具。（　　）

8. 经营活动中使用的发票，只能由收款方向付款方开具。（　　）

9. 发票限于领购单位和个人在本省、自治区、直辖市内开具，国务院税务主管部门可以规定跨市、县开具发票的办法。（　　）

10. 临时到本省、自治区、直辖市以外从事经营活动的单位和个人，可以凭所在地主管税务机关开具的“外出经营税收管理证明”，在办理纳税担保的前提下，向经营地税务机关申请领购发票。（　　）

11. 在业务活动中作废的发票，纳税人可以自行处理。（　　）

12. 销货方使用电子计算机开具发票，须经主管税务机关批准，并使用税务机关统一监制的机外发票，开具后的存根联按照顺序号装订成册。（　　）

13. 增值税一般纳税人只能开具专用发票，不能开具普通发票。（　　）

# 第十一章 DISHIYIZHANG

# 涉税会计综合实训

## 一、实训目标

1. 能判断企业经济业务涉及的各税种的纳税义务发生时间；

2. 能根据企业经济业务资料准确计算相关的增值税、企业所得税及各地方税种的应纳税额；

3. 能进行各涉税业务的会计处理和记账凭证的编制；

4. 能进行“应交税费”各明细账户的设置和登记；

5. 能够编制各相关纳税申报表，并进行网上纳税申报。

## 二、实训资料

1. 实训企业基本情况

企业名称：中原市晨光有限公司

企业性质：股份制企业

经营范围：化工产品

企业法人代表：高信诚

注册资金：2 000 万元

企业地址及电话：中原市和平大街 8 号　79689716

开户银行：工商银行和平支行

基本账户账号：0405001109245087766

纳税人识别号：130403340120012

2. 相关资料

（1）税种登记内容。晨光有限公司是增值税一般纳税人，税款征收方式为查账征收，各税种税率及纳税期限如下：

| | |
|---|---|
| 企业所得税：25% | 按季预缴，年终汇算清缴 |
| 增值税：17% | 按月征收，次月 15 日前申报 |
| 城建税：7% | 按月征收，次月 15 日前申报 |
| 教育费附加：3% | 按月征收，次月 15 日前申报 |
| 地方教育费附加：2% | 按月征收，次月 15 日前申报 |
| 城镇土地使用税：9 元/平方米 | 按季征收，次月 15 日前申报 |

房产税：原值按 75% ×1.2%　　　　　按季征收，次月 15 日前申报

（2）实训企业会计资料说明。实训企业会计核算执行《企业会计准则》。因条件有限，实训资料中的原始凭证与真实的原始凭证不完全一致，特别是有关签章不完善。假定所有发票均是合法、手续完整、有效的发票，合同均为有效合同。

（3）其他有关资料。该企业城镇土地使用面积 2 600 平方米，房屋建筑物原值 4 580 670.00 元。

3. 2016 年 1 ~2 月损益类账户发生额，见表 11 –1。

**表 11 –1**

| 账户名称 | 1 ~2 月累计发生额 |
|---|---|
| 主营业务收入 | 1 028 796.06 |
| 其他业务收入 | 16 000.00 |
| 主营业务成本 | 794 001.20 |
| 其他业务成本 | 4 400.00 |
| 税金及附加 | 4 177.87 |
| 销售费用 | 7 450.00 |
| 管理费用 | 55 149.60 |
| 财务费用 | 703.00 |
| 营业外支出 | 251.22 |

4. 2016 年 2 月 28 日应交税费明细账余额，见表 11 –2。

**表 11 –2**

| 账户名称 | 借方余额 | 贷方余额 |
|---|---|---|
| 应交税费总账 | | 17 062.14 |
| 应交增值税 | | 14 257.93 |
| 应交增值税——进项税额 | 155 423.52 | |
| 应交增值税——销项税额 | | 174 895.33 |
| 应交增值税——已交税金 | 5 213.88 | |
| 应交城市维护建设税 | | 1 026.06 |
| 应交教育费附加 | | 439.74 |
| 应交地方教育附加 | | 293.16 |
| 应交印花税 | | 645.25 |
| 应交企业所得税 | | 0.00 |
| 应交房产税 | | 0.00 |
| 应交城镇土地使用税 | | 0.00 |

5. 2016 年 3 月份发生下列涉税经济业务：

（1）2 日，因生产需要，向银行借入短期借款 800 000 元存入银行，见表 11 –3。

**表 11－3**

**中国工商银行借款凭证（代回单）**

转账日期 2016 年 03 月 02 日　　　　编号：6021

<table>
<tr><td colspan="2">借款单位名称</td><td>晨光有限公司</td><td>借款单位账号</td><td colspan="8">0405001109245087766</td></tr>
<tr><td colspan="2" rowspan="2">借款金额</td><td colspan="2" rowspan="2">人民币（大写）捌拾万元整</td><td>十</td><td>万</td><td>千</td><td>百</td><td>十</td><td>元</td><td>角</td><td>分</td></tr>
<tr><td>8</td><td>0</td><td>0</td><td>0</td><td>0</td><td>0</td><td>0</td><td>0</td></tr>
<tr><td rowspan="2">种类</td><td rowspan="2">生产周转借款</td><td>单位提出期限</td><td colspan="6">2016 年 3 月 2 日至 2016 年 9 月 1 日</td><td rowspan="2">利率</td><td colspan="2" rowspan="2">5.60%</td></tr>
<tr><td>银行核定期限</td><td colspan="6">2016 年 3 月 2 日至 2016 年 9 月 1 日</td></tr>
<tr><td colspan="12">上列借款已收入你单位往来户内<br>此致<br>中国工商银行股份有限公司中原市和平支行 2016.03.02<br>单位（银行盖章）</td></tr>
</table>

（2）5 日，向中原市兴瑞有限公司购进 A 材料 1 000 千克，每千克 800 元，计 80 万元。增值税进项税 13.6 万元，款项以转账支票付讫。材料当日验收入库，见表 11－4 至表 11－7。

**表 11－4**

1304091140　　**中原市增值税专用发票**　　№02443629

发　票　联（中原市 国家税务总局监制）

开票日期 2016 年 03 月 05 日

<table>
<tr><td rowspan="4">购货单位</td><td colspan="4">名　　称：中原市晨光有限公司</td><td rowspan="4">密码区</td><td colspan="3" rowspan="4">（略）</td></tr>
<tr><td colspan="4">纳税人识别号：130403340120012</td></tr>
<tr><td colspan="4">地址、电话：中原市和平大街 8 号　79689716</td></tr>
<tr><td colspan="4">开户行及账号：工行和平支行　0405001109245087766</td></tr>
<tr><td colspan="2">货物或应税劳务名称</td><td>规格型号</td><td>单位</td><td>数量</td><td>单价</td><td>金额</td><td>税率</td><td>税额</td></tr>
<tr><td colspan="2">A 材料</td><td></td><td>千克</td><td>1 000</td><td>800</td><td>800 000.00</td><td>17%</td><td>136 000.00</td></tr>
<tr><td colspan="2">合　计</td><td></td><td></td><td></td><td></td><td>800 000.00</td><td></td><td>136 000.00</td></tr>
<tr><td colspan="2">价税合计（大写）</td><td colspan="4">玖拾叁万陆仟元整</td><td colspan="3">（小写）¥936 000.00</td></tr>
<tr><td rowspan="4">销货单位</td><td colspan="4">名　　称：中原市兴瑞有限公司</td><td rowspan="4">备注</td><td colspan="3" rowspan="4">中原市兴瑞有限公司 130403012340120 发票专用章</td></tr>
<tr><td colspan="4">纳税人识别号：130403012340120</td></tr>
<tr><td colspan="4">地址、电话：中原市复兴大街 24 号</td></tr>
<tr><td colspan="4">开户行及账号：建行学步桥支行　0405007766110924508</td></tr>
</table>

第三联：发票联　购货方记账凭证

收款人：钱素雅　　复核：孙艺博　　开票人：赵红　　销售单位：（章）

**表 11－5**

1304091140　　**中原市增值税专用发票**　　№02443629

抵　扣　联

开票日期 2016 年 03 月 05 日

| 购货单位 | 名　　称：中原市晨光有限公司<br>纳税人识别号：130403340120012<br>地 址、电 话：中原市和平大街 8 号　79689716<br>开户行及账号：工行和平支行　0405001109245087766 | | | | 密码区 | （略） | |
|---|---|---|---|---|---|---|---|
| 货物或应税劳务名称 | 规格型号 | 单位 | 数量 | 单价 | 金额 | 税率 | 税额 |
| A 材料 | | 千克 | 1 000 | 800 | 800 000.00 | 17% | 136 000.00 |
| 合　计 | | | | | 800 000.00 | | 136 000.00 |
| 价税合计（大写） | 玖拾叁万陆仟元整 | | | | （小写）¥936 000.00 | | |
| 销货单位 | 名　　称：中原市兴瑞有限公司<br>纳税人识别号：130403012340120<br>地 址、电 话：中原市复兴大街 24 号<br>开户行及账号：建行学步桥支行　0405007766110924508 | | | | 备注 | 中原市兴瑞有限公司 130403012340120 发票专用章 | |

收款人：钱素雅　　复核：孙艺博　　开票人：赵红　　销售单位：（章）

第二联：抵扣联　购货方扣税凭证

**表 11－6**

**收　料　单**

2016 年 03 月 05 日　　字第 301 号

来料单位：中原市兴瑞有限公司　　发票 02447649 号　　2016 年 03 月 05 日收到

| 编号 | 材料名称 | 规格 | 送验数量 | 实收数量 | 单位 | 单价 | 金额 | | | | | | | |
|---|---|---|---|---|---|---|---|---|---|---|---|---|---|---|
| | | | | | | | 十 | 万 | 千 | 百 | 十 | 元 | 角 | 分 |
| | A 材料 | | 1 000 | 1 000 | 千克 | 800 | 8 | 0 | 0 | 0 | 0 | 0 | 0 | 0 |
| | | | | | | | | | | | | | | |
| | | | | | | | | | | | | | | |
| | | | | | | | | | | | | | | |
| 备注： | | 验收人盖章 | | | | 合计 ¥ 800 000.00 | | | | | | | | |

会计：　　出纳：　　复核：　　记账：　　制单：李丽

**表 11－7**

| 中国工商银行<br>转账支票存根 |
|---|
| IV V00286641 |
| 附加信息 |
| |
| |
| 出票日期：2016 年 03 月 05 日 |
| 收款人：中原市兴瑞有限公司 |
| 金　额：¥936 000.00 |
| 用　途：购材料款 |
| 单位主管　　会计 |

（3）6 日，缴纳税费 16 662.14 元，其中增值税 14 257.93 元，城市维护建设税1 026.06 元，教育费附加 439.74 元，地方教育附加 293.16 元，印花税 645.25 元，见表 11－8、表11－9。

**表 11－8**

电子缴税系统回单

记账日期：2016 年 03 月 06 日　　　　0095635945

| | | | | | |
|---|---|---|---|---|---|
| 付款人 | 全　称 | 中原市晨光有限公司 | 收款人 | 全　称 | 中原市国家税务局和平分局 |
| | 账　号 | 0405001109245087766 | | 账　号 | 0011092450766040587 |
| | 开户银行 | 工行和平支行 | | 开户银行 | 国家金库和平支库 |

| 金额 | 人民币（大写） | 亿 | 千 | 百 | 十 | 万 | 千 | 百 | 十 | 元 | 角 | 分 |
|---|---|---|---|---|---|---|---|---|---|---|---|---|
| | 壹万肆仟贰佰伍拾柒元玖角叁分 | | | | ¥ | 1 | 4 | 2 | 5 | 7 | 9 | 3 |

| | | | | |
|---|---|---|---|---|
| 款项内容 | 代扣（国税）税款 | 电子税票号：000012345600259 | | |
| 纳税人名称 | 中原市晨光有限公司 | 纳税人编码：000890000045 | | |
| 税　种 | 所属期 | 纳税金额 | 备注 | 上列款项已按规定转讫（银行盖章） |
| 增值税 | 2016.02.01—2016.02.28 | ¥14 257.93 | 国税 | 清算日期：2016.03.06 |

中国工商银行 和平支行 2016.03.06 转

第二联：交付款单位

打印日期：2016.03.06

**表 11－9**

## 电子缴税系统回单

记账日期：2016. 03. 06　　　　0032535978

| | | |
|---|---|---|
| 纳税人名称：中原市晨光有限公司 | | |
| 付款人全称：中原市晨光有限公司 | | |
| 付款人账号：0405001109245087766 | | |
| 付款人开户银行：工行和平支行 | | |
| 征收机关名称：中原市地方税务局直属分局 | | |
| 收款国库名称：国家金库和平支库 | | |
| 小写（合计）金额： | ¥2 404. 21 | |
| 大写（合计）金额： | 贰仟肆佰零肆元贰角壹分 | |
| 税（费）种名称 | 所属时期 | 实缴金额 |
| 城市维护建设税 | 2016. 02. 01－2016. 02. 28 | 1 026. 06 |
| 教育费附加 | 2016. 02. 01－2016. 02. 28 | 439. 74 |
| 地方教育附加 | 2016. 02. 01－2016. 02. 28 | 293. 16 |
| 印花税 | 2016. 02. 01－2016. 02. 28 | 645. 25 |

打印日期：2016. 03. 06

（4）7 日支付上月水费，自来水公司开具的增值税专用发票显示价税合计 3 510. 00 元，见表 11－10 至表 11－12。

**表 11－10**

1304091423　　　　**中原市增值税专用发票**　　　　№ 02490076

发 票 联　　　　开票日期 2016 年 03 月 07 日

| | | |
|---|---|---|
| 购货单位 | 名　　称：中原市晨光有限公司<br>纳税人识别号：130403340120012<br>地 址、电 话：中原市和平大街 8 号　79689716<br>开户行及账号：工行和平支行　0405001109245087766 | 密码区：（略） |

| 货物或应税劳务名称 | 规格型号 | 单位 | 数量 | 单价 | 金额 | 税率 | 税额 |
|---|---|---|---|---|---|---|---|
| 水 | | 吨 | 3 106 | 1. 00 | 3 106. 00 | 13% | 404. 00 |
| 合　计 | | | | | 3 106. 00 | | 404. 00 |
| 价税合计（大写） | 叁仟伍佰壹拾元整 | | | | （小写）¥3 510. 00 | | |

| | | |
|---|---|---|
| 销货单位 | 名　　称：中原市自来水公司<br>纳税人识别号：130403340120254<br>地 址、电 话：中原市迎宾大街 3 号　79222580<br>开户行及账号：建行迎宾支行　0012224519785400 | 备注 |

收款人：王晓璇　　复核：王建民　　开票人：刘峰　　销售单位：（章）

第三联：发票联　购货方记账凭证

**表 11－11**

1304091423 **中原市增值税专用发票** № 02490076

抵 扣 联

开票日期 2016 年 03 月 07 日

| | | | | | | | | |
|---|---|---|---|---|---|---|---|---|
| 购货单位 | 名　　称：中原市晨光有限公司<br>纳税人识别号：130403340120012<br>地 址、电 话：中原市和平大街 8 号　79689716<br>开户行及账号：工行和平支行　0405001109245087766 | | | | | 密码区 | （略） | |
| 货物或应税劳务名称 | 规格型号 | 单　位 | 数　量 | 单　价 | 金　额 | 税率 | 税　额 | |
| 水 | | 吨 | 3 106 | 1.00 | 3 106.00 | 13% | 404.00 | |
| 合　计 | | | | | 3 106.00 | | 404.00 | |
| 价税合计（大写） | 叁仟伍佰壹拾元整 | | | | | （小写）¥3 510.00 | | |
| 销货单位 | 名　　称：中原市自来水公司<br>纳税人识别号：130403340120254<br>地 址、电 话：中原市迎宾大街 3 号　79222580<br>开户行及账号：建行迎宾支行　0012224519785400 | | | | | 备注 | 中原市自来水公司<br>130403340120254<br>发票专用章 | |

收款人：王晓璇　　复核：王建民　　开票人：刘峰　　销售单位：（章）

第二联：抵扣联　购货方扣税凭证

**表 11－12**

**中国工商银行　河北省分行营业部　批扣借方凭证（回单）**

业务日期：2016 年 03 月 07 日 №0001236325462561

| | | | | | | | | | | | | | |
|---|---|---|---|---|---|---|---|---|---|---|---|---|---|
| 付款人 | 全　称 | 中原市晨光有限公司 | 收款人 | 全　称 | 中原市自来水公司 | | | | | | | | |
| | 账　号 | 0405001109245087766 | | 账　号 | 0012224519785400 | | | | | | | | |
| | 开户银行 | 工行和平支行 | | 开户银行 | 建行迎宾支行 | | | | | | | | |
| 金额 | 人民币（大写） | 叁仟伍佰壹拾元整 | 千 | 百 | 十 | 万 | 千 | 百 | 十 | 元 | 角 | 分 | |
| | | | | | | ¥ | 3 | 5 | 1 | 0 | 0 | 0 | |
| 摘要 | 水费 | | | | | | | | | | | | |
| 备注 | | | | | | | | | | | | | |

中国工商银行 和平支行 2016.03.07 转讫

工行网站：WWW. ICBC. COM. CN　　打印日期：2016 年 03 月 07 日

（5）8 日从兴瑞公司购入乙材料 200 千克，单价 1 000 元，取得的增值税专用发票注明价款 20 万元，税款 3.4 万元。款项已通过银行转账支付，材料已验收入库，见表 11－13 至表 11－15（银行转账单证格式省略）。

**表 11－13**

1304091140

## 中原市增值税专用发票

发 票 联（中原市 国家税务总局监制）

№ 02476998

开票日期 2016 年 03 月 08 日

| | | | | | | | |
|---|---|---|---|---|---|---|---|
| 购货单位 | 名　　称：中原市晨光有限公司<br>纳税人识别号：130403340120012<br>地址、电话：中原市和平大街 8 号　79689716<br>开户行及账号：工行和平支行　0405001109245087766 | | | | 密码区 | （略） | |
| 货物或应税劳务名称 | 规格型号 | 单　位 | 数　量 | 单　价 | 金　额 | 税率 | 税　额 |
| 乙材料 | | 千克 | 200 | 1 000.00 | 200 000.00 | 17% | 34 000.00 |
| 合　计 | | | | | 200 000.00 | | 34 000.00 |
| 价税合计（大写） | 贰拾叁万肆仟元整 | | | | （小写）¥234 000.00 | | |
| 销货单位 | 名　　称：中原市兴瑞有限公司<br>纳税人识别号：130403012340120<br>地 址、电 话：中原市复兴大街 24 号<br>开户行及账号：建行学步桥支行　0405007766110924508 | | | | 备注 | 中原市兴瑞有限公司 13040312340120 发票专用章 | |

收款人：钱素雅　　复核：孙艺博　　开票人：赵红　　销售单位：（章）

第三联：发票联　购货方记账凭证

**表 11－14**

1304091140

## 中原市增值税专用发票

抵 扣 联（中原市 国家税务总局监制）

№ 02476998

开票日期 2016 年 03 月 08 日

| | | | | | | | |
|---|---|---|---|---|---|---|---|
| 购货单位 | 名　　称：中原市晨光有限公司<br>纳税人识别号：130403340120012<br>地址、电话：中原市和平大街 8 号　79689716<br>开户行及账号：工行和平支行　0405001109245087766 | | | | 密码区 | （略） | |
| 货物或应税劳务名称 | 规格型号 | 单　位 | 数　量 | 单　价 | 金　额 | 税率 | 税　额 |
| 乙材料 | | 千克 | 200 | 1 000.00 | 200 000.00 | 17% | 34 000.00 |
| 合　计 | | | | | 200 000.00 | | 34 000.00 |
| 价税合计（大写） | 贰拾叁万肆仟元整 | | | | （小写）¥234 000.00 | | |
| 销货单位 | 名　　称：中原市兴瑞有限公司<br>纳税人识别号：130403012340120<br>地 址、电 话：中原市复兴大街 24 号<br>开户行及账号：建行学步桥支行　0405007766110924508 | | | | 备注 | 中原市兴瑞有限公司 130403012340120 发票专用章 | |

收款人：钱素雅　　复核：孙艺博　　开票人：赵红　　销售单位：（章）

第二联：抵扣联　购货方扣税凭证

表 11－15

## 收　料　单

2016 年 03 月 08 日　　字第 302 号

| 来料单位：中原市兴瑞有限公司 | | | 发票 02476998 号 | | | | 2016 年 03 月 08 日收到 | | | | | | | |
|---|---|---|---|---|---|---|---|---|---|---|---|---|---|---|
| 编号 | 材料名称 | 规格 | 送验数量 | 实收数量 | 单位 | 单价 | 金额 | | | | | | | |
| | | | | | | | 十 | 万 | 千 | 百 | 十 | 元 | 角 | 分 |
| | 乙材料 | | 200 | 200 | 千克 | 1 000 | 2 | 0 | 0 | 0 | 0 | 0 | 0 | 0 |
| | | | | | | | | | | | | | | |
| | | | | | | | | | | | | | | |
| | | | | | | | | | | | | | | |
| 备注： | | 验收人盖章： | | | | 合计 ¥200 000.00 | | | | | | | | |

会计：　　出纳：　　复核：　　记账：　　制单：李丽

（6）9 日收到供电公司开来的增值税专用发票注明电价 3 万元，税额 5 100 元，款项已通过银行转账支付，见表 11－16 至表 11－18。

表 11－16

1304091420　　**中原市增值税专用发票**　　№ 02491876

发　票　联

开票日期 2016 年 03 月 09 日

| 购货单位 | 名　　称：中原市晨光有限公司<br>纳税人识别号：130403340120012<br>地 址、电 话：中原市和平大街 8 号　79689716<br>开户行及账号：工行和平支行　0405001109245087766 | | | | 密码区 | （略） | | |
|---|---|---|---|---|---|---|---|---|
| 货物或应税劳务名称 | 规格型号 | 单　位 | 数　量 | 单　价 | 金　额 | 税率 | 税　额 | |
| 电 | | 度 | 60 000 | 0.50 | 30 000.00 | 17% | 5 100.00 | |
| 合　计 | | | | | 30 000.00 | | 5 100.00 | |
| 价税合计（大写） | 叁万伍仟壹佰元整 | | | | （小写）¥35 100.00 | | | |
| 销货单位 | 名　　称：中原市供电公司<br>纳税人识别号：130403340120233<br>地 址、电 话：中原市为民大街 32 号　79172584<br>开户行及账号：建行为民支行　0012224519785468 | | | | 备注 | 中原市供电公司 130403340120233 发票专用章 | | |

第三联：发票联　购货方记账凭证

收款人：林权　　复核：李晓曼　　开票人：万峰　　销售单位：（章）

表 11－17

1304091420　　　　中原市增值税专用发票　　　　№ 02491876

抵扣联　　　　开票日期 2016 年 03 月 09 日

| | | | | | | | | |
|---|---|---|---|---|---|---|---|---|
| 购货单位 | 名称：中原市晨光有限公司<br>纳税人识别号：130403340120012<br>地址、电话：中原市和平大街 8 号　79689716<br>开户行及账号：工行和平支行　0405001109245087766 | | | | 密码区 | （略） | | |
| 货物或应税劳务名称 | 规格型号 | 单位 | 数量 | 单价 | 金额 | 税率 | 税额 | |
| 电 | | 度 | 60 000 | 0.50 | 30 000.00 | 17% | 5 100.00 | |
| 合计 | | | | | 30 000.00 | | 5 100.00 | |
| 价税合计（大写） | 叁万伍仟壹佰元整 | | | | （小写）¥35 100.00 | | | |
| 销货单位 | 名称：中原市供电公司<br>纳税人识别号：130403340120233<br>地址、电话：中原市为民大街 32 号　79172584<br>开户行及账号：建行为民支行　0012224519785468 | | | | 备注 | 中原市供电公司 130403340120233 发票专用章 | | |

第二联：抵扣联　购货方扣税凭证

收款人：林权　复核：李晓曼　开票人：万峰　销售单位：（章）

表 11－18

中国工商银行　河北省分行营业部　批扣借方凭证（回单）

业务日期：2016 年 03 月 09 日　　　　№0001236325468561

| | | | | | |
|---|---|---|---|---|---|
| 付款人 | 全称 | 中原市晨光有限公司 | 收款人 | 全称 | 中原市供电公司 |
| | 账号 | 0405001109245087766 | | 账号 | 0012224519785468 |
| | 开户银行 | 工行和平支行 | | 开户银行 | 建行为民支行 |
| 金额 | 人民币（大写） | 叁万伍仟壹佰元整 | | 千 百 十 万 千 百 十 元 角 分 | ¥ 3 5 1 0 0 0 0 |
| 摘要 | 电费 | | | | |
| 备注 | | | | | |

中国工商银行 和平支行 2016.03.09 转讫

工行网站：WWW. ICBC. COM. CN　　　　打印日期：2016 年 03 月 09 日

（7）15 日销售给德诚公司 A 产品 300 箱，每箱不含税售价 800 元，每箱单位成本 600 元，产品已发出。收到转账支票一张送存银行，见表 11－19 至表 11－21。

**表 11－19**

1304091401　　**中原市增值税专用发票**　　№ 02449467

（印章：中原市　国家税务总局监制）

此联不作报销、扣税凭证使用　　开票日期 2016 年 03 月 15 日

| 购货单位 | 名　称：中原市德诚有限公司<br>纳税人识别号：130403012001234<br>地址、电话：中原市和平大街18号　79671689<br>开户行及账号：工行和平支行　0405001109245076687 | | | | 密码区 | （略） | | |
|---|---|---|---|---|---|---|---|---|
| 货物或应税劳务名称 | 规格型号 | 单位 | 数量 | 单价 | 金额 | | 税率 | 税额 |
| A产品 | | 箱 | 300 | 800.00 | 240 000.00 | | 17% | 40 800.00 |
| 合　计 | | | | | 240 000.00 | | | 40 800.00 |
| 价税合计（大写） | 贰拾捌万零捌佰元整 | | | | （小写）¥280 800.00 | | | |
| 销货单位 | 名　称：中原市晨光有限公司<br>纳税人识别号：130403340120012<br>地址、电话：中原市和平大街8号　79689716<br>开户行及账号：工行和平支行　0405001109245087766 | | | | 备注 | | | |

第一联：记账联　销货方记账凭证

收款人：王雪涛　　复核：刘小敏　　开票人：张富贵　　销售单位：（章）

**表 11－20**

**出　库　单**

提货单位：中原市德诚有限公司　　2016 年 03 月 15 日　　№1052304

| 产品 | | | 单位 | 数量 | 单价 | 成本总额 | | | | | | | | 产品明细账 | | 说明 |
|---|---|---|---|---|---|---|---|---|---|---|---|---|---|---|---|---|
| 编号 | 名称 | 规格 | | | | 十 | 万 | 千 | 百 | 十 | 元 | 角 | 分 | 号 | 页 | |
| | A产品 | | 箱 | 300 | 600 | 1 | 8 | 0 | 0 | 0 | 0 | 0 | 0 | | | |
| | | | | | | | | | | | | | | | | |
| | | | | | | | | | | | | | | | | |

部门主管：　　会计：　　记账：　　保管：　　提货人：　　制单：

**表 11－21**

**中国工商银行　　进账单（收账通知）**　　**3**

2016 年 03 月 15 日

| 出票人 | 全　称 | 中原市德诚有限公司 | 收款人 | 全　称 | 中原市晨光有限公司 | | | | | | | | | |
|---|---|---|---|---|---|---|---|---|---|---|---|---|---|---|
| | 账　号 | 0405001109245076687 | | 账　号 | 0405001109245087766 | | | | | | | | | |
| | 开户银行 | 工行和平支行 | | 开户银行 | 工行和平支行 | | | | | | | | | |
| 金额 | 人民币（大写）：贰拾捌万零捌佰元整 | | | | 千 | 百 | 十 | 万 | 千 | 百 | 十 | 元 | 角 | 分 |
| | | | | | | ¥ | 2 | 8 | 0 | 8 | 0 | 0 | 0 | 0 |
| 票据种类 | | 票据张数 | | 中国工商银行股份有限公司中原市和平支行 2016.03.15<br>收款人开户行盖章 | | | | | | | | | | |
| 转账支票 | | | | | | | | | | | | | | |
| 复核 | 记账 | | | | | | | | | | | | | |

此联是收款人开户银行交给收款人的收账通知

（8）19 日，向德诚公司发出 B 产品 200 台，不含税售价每台 5 000 元，每台单位成本 4 000 元。德诚公司承诺 30 天内付款，见表 11－22、表 11－23。

**表 11－22**

1304091401

**中原市增值税专用发票**

№ 02449468

此联不作报销、扣税凭证使用　　开票日期 2016 年 03 月 19 日

| | | | | | | | |
|---|---|---|---|---|---|---|---|
| 购货单位 | 名　　称：中原市德诚有限公司<br>纳税人识别号：130403012001234<br>地 址、电 话：中原市和平大街 18 号　79671689<br>开户行及账号：工行和平支行　0405001109245076687 | | | 密码区 | （略） | | |
| 货物或应税劳务名称 | 规格型号 | 单位 | 数量 | 单价 | 金额 | 税率 | 税额 |
| B 产品 | | 台 | 200 | 5 000.00 | 1 000 000.00 | 17% | 170 000.00 |
| 合计 | | | | | 1 000 000.00 | | 170 000.00 |
| 价税合计（大写） | 壹佰壹拾柒万元整 | | | | （小写）¥1 170 000.00 | | |
| 销货单位 | 名　　称：中原市晨光有限公司<br>纳税人识别号：130403340120012<br>地 址、电 话：中原市和平大街 8 号　79689716<br>开户行及账号：工行和平支行　0405001109245087766 | | | 备注 | | | |

第一联：记账联　销货方记账凭证

收款人：王雪涛　　复核：刘小敏　　开票人：张富贵　　销售单位：（章）

**表 11－23**

**出　库　单**

提货单位：中原市德诚有限公司　　2016 年 03 月 19 日　　№1052305

| 产品 | | | 单位 | 数量 | 单价 | 成本总额 | | | | | | | | 产品明细账 | | 说明 |
|---|---|---|---|---|---|---|---|---|---|---|---|---|---|---|---|---|
| 编号 | 名称 | 规格 | | | | 十 | 万 | 千 | 百 | 十 | 元 | 角 | 分 | 号 | 页 | |
| | B 产品 | | 箱 | 200 | 4 000 | 8 | 0 | 0 | 0 | 0 | 0 | 0 | 0 | | | |
| | | | | | | | | | | | | | | | | |
| | | | | | | | | | | | | | | | | |

部门主管：　　会计：　　记账：　　保管：　　提货人：　　制单：

（9）24 日，公司将生产成本为 2 000 元的 10 台 C 产品捐赠给中原市红十字会。C 产品的计税价格为每台 3 000 元，见表 11－24、表 11－25。

**表 11－24**

1304091401　　　　　　**中原市增值税专用发票**　　　　　　№ 02449469

此联不作报销、扣税凭证使用　　　　开票日期 2016 年 03 月 24 日

（中原市 国家税务总局监制）

| 购货单位 | 名　　称：中原市红十字会<br>纳税人识别号：130403012012454<br>地 址、电 话：中原市和平大街 18 号　79675559<br>开户行及账号：工行和平支行　0405001109245071117 | 密码区 | （略） |
|---|---|---|---|

| 货物或应税劳务名称 | 规格型号 | 单 位 | 数 量 | 单 价 | 金额 | 税率 | 税 额 |
|---|---|---|---|---|---|---|---|
| C 产品 | | 台 | 10 | 3 000.00 | 30 000.00 | 17% | 5 100.00 |
| 合 计 | | | | | 30 000.00 | | 5 100.00 |
| 价税合计（大写） | 叁万伍仟壹佰元整 | | | | （小写）¥35 100.00 | | |

| 销货单位 | 名　　称：中原市晨光有限公司<br>纳税人识别号：130403340120012<br>地 址、电 话：中原市和平大街 8 号　79689716<br>开户行及账号：工行和平支行　0405001109245087766 | 备注 | |
|---|---|---|---|

收款人：王雪涛　　复核：刘小敏　　开票人：张富贵　　销售单位：（章）

第一联：记账联　销货方记账凭证

**表 11－25**

## 出　　库　　单

提货单位：中原市红十字会　　　　2016 年 03 月 24 日　　　　№1052306

| 产品 | | | 单位 | 数量 | 单价 | 成本总额 | | | | | | | | 产品明细账 | | 说明 |
|---|---|---|---|---|---|---|---|---|---|---|---|---|---|---|---|---|
| 编号 | 名称 | 规格 | | | | 十 | 万 | 千 | 百 | 十 | 元 | 角 | 分 | 号 | 页 | |
| | C 产品 | | 台 | 10 | 2 000 | | 2 | 0 | 0 | 0 | 0 | 0 | 0 | | | |
| | | | | | | | | | | | | | | | | |
| | | | | | | | | | | | | | | | | |

部门主管：张强　　会计：赵思思　　记账：李云鹏　　保管：曾国庆　　提货人：朱玉　　制单：田世良

（10）25 日，开出转账支票 1 张，向市太平洋保险公司支付本季度财产保险费 7 500 元，见表 11－26、表 11－27。

**表 11－26**

**保险业专用发票**

**INSURANCE TRADE INVOICE**

**发票联**

**INVOICE**

发票代码 265000830101

开票日期：2016 年 03 月 25 日

Date of Invoice

发票号码 00000000

付款人：
Payer 晨光有限公司

承保险种：
Coverage 财产保险

保险单号：
Policy No. 2016031111

批单号：
End. No.

保险费金额（大写）：
Premium Amount（In words）柒仟伍佰元整

（小写）
（In Figures） ¥7 500.00

代收车船税（小写）：
Vehicle & Vessel Tax（In Figures）

滞纳金（小写）
Overdue fine（In Figures）

合计（大写）：
Consist（In Words）

（小写）
（In Figures）

附注：
Remarks

第二联 发票联 付款方留存

保险公司名称：
Insurance Company

复核：
Checked by

经手人：
Handier

中国太平洋保险（集团）股份有限公司

保险公司签章：
Stamped by Insurance Company

地址：
Add

电话：
Tel

保险公司纳税人识别号：
Taxpayer Identification No.

**表 11－27**

**中国工商银行**
**转账支票存根**
IV V00286641

附加信息

出票日期：2016 年 03 月 25 日

| | |
|---|---|
| 收款人： | 太平洋保险公司中原市分公司 |
| 金 额： | ¥7 500.00 |
| 用 途： | 支付保险费 |

单位主管 会计

（11）28 日，收到东方公司的转账支票一张，当日送存银行。取得设备出租的租金收入 11 700 元，见表 11－28、表 11－29。

**表 11－28**

1304091401　　**中原市增值税普通发票**　　№ 04497624

开票日期 2016 年 03 月 28 日

| | | | | | | | |
|---|---|---|---|---|---|---|---|
| 购货单位 | 名　称：中原市东方公司<br>纳税人识别号：130403012001234<br>地址、电话：中原市和平大街 8 号　79671689<br>开户行及账号：工行和平支行　0405001109245076687 | | | | 密码区 | （略） | |
| 货物或应税劳务名称 | 规格型号 | 单位 | 数量 | 单价 | 金额 | 税率 | 税额 |
| 租金 | | 次 | | | 10 000.00 | 17% | 1 700.00 |
| 合计 | | | | | 10 000.00 | | 1 700.00 |
| 价税合计（大写） | ⊕壹万壹仟柒佰元整 | | | | （小写）¥11 700.00 | | |
| 销货单位 | 名　称：中原市晨光有限公司<br>纳税人识别号：130403340120012<br>地址、电话：中原市和平大街 8 号　79689716<br>开户行及账号：工行和平支行　0405001109245087766 | | | | 备注 | | |

收款人：王雪涛　　复核：刘小敏　　开票人：张富贵　　销售单位：（章）

第一联：记账联　销货方记账凭证

**表 11－29**

**中国工商银行　进账单**（收账通知）

2016 年 03 月 28 日

| | | | | | |
|---|---|---|---|---|---|
| 出票人 | 全称 | 中原市东方公司 | 收款人 | 全称 | 中原市晨光有限公司 |
| | 账号 | 0405001109245076687 | | 账号 | 0405001109245087766 |
| | 开户银行 | 工行和平支行 | | 开户银行 | 工商银行和平支行 |
| 金额 | 人民币（大写）：壹万壹仟柒佰元整 | | | 千 百 十 万 千 百 十 元 角 分 | ¥ 1 1 7 0 0 0 0 |
| 票据种类 | | 票据张数 | | | |
| 转账支票 | | | | | |
| 复核 | 记账 | | | 收款人开户行盖章 | |

（印章：中国工商银行股份有限公司中原市和平支行 2016.03.28）

此联是收款人开户银行交给收款人的收账通知

（12）31 日，填制各项税费计算表，计提相关税费，见表 11－30 至表 11－32。

表 11－30

**应交增值税计算表**

2016 年 03 月 31 日

| 项　目 | 金　额 |
| --- | --- |
| 本期销项税额合计 | |
| 本期进项税额合计 | |
| 上期留抵税额 | |
| 本期应纳增值税额 | |

会计：　　　　复核：　　　　制表：

表 11－31

**应交税费计算表**

2016 年 03 月 31 日

| 税种 | 计税依据 | 税率 | 税额 |
| --- | --- | --- | --- |
| 城建税 | | | |
| 教育费附加 | | | |
| 地方教育费附加 | | | |
| 房产税 | | | |
| 城镇土地使用税 | | | |
| 合计 | — | — | |

会计：　　　　复核：　　　　制表：

表 11－32

**应交印花税计算表**

2016 年 03 月 31 日

| 税目 | 计税依据 | 税率 | 税额 |
| --- | --- | --- | --- |
| 购销合同 | | | |
| 财产保险合同 | | | |
| 财产租赁合同 | | | |
| 借款合同 | | | |
| 合计 | — | — | |

会计：　　　　复核：　　　　制表：

（13）其他相关业务省略，直接提供 3 月份损益类账户发生额。31 日，将结转损益类账户至本年利润账户，见表 11－33。

表 11－33

**3 月份损益类账户发生额**

| 账户名称 | 3 月借方发生额 | 3 月贷方发生额 |
| --- | --- | --- |
| 主营业务收入 | | 2 240 000.00 |
| 其他业务收入 | | 10 000.00 |

续表

| 账户名称 | 3月借方发生额 | 3月贷方发生额 |
|---|---|---|
| 主营业务成本 | 980 000.00 | |
| 其他业务成本 | 2 200.00 | |
| 税金及附加 | 6 251.52 | |
| 销售费用 | 14 500.00 | |
| 管理费用 | 35 800.00 | |
| 财务费用 | 13 800.00 | |
| 营业外支出 | 2 5100.00 | |

(14) 3月31日，计提第一季度预缴企业所得税，见表11－34。

**表11－34**

**应提所得税计算表**

2016年03月31日

| | |
|---|---|
| 营业收入 | |
| 营业成本 | |
| 利润总额 | |
| 税率（25%） | |
| 应纳所得税额 | |
| 减：实际已预缴所得税额 | |
| 应提金额 | |

(15) 3月31日，结转第一季度所得税费用。

## 三、实训要求

1. 填制2016年3月份各项税费计算表（见表11－30至表11－32、表11－34）；
2. 根据3月份业务编制记账凭证；
3. 登记“应交税费”各明细账户；
4. 填制2016年3月份增值税纳税申报表；
5. 填制2016年3月份地方税（基金、费）综合申报表；
6. 根据中原市晨光有限公司2016年1~2月及3月有关资料，按照分季度预缴的办法填制2016年度第一季度企业所得税预缴纳税申报表。

## 四、实训条件

1. 记账凭证（通用或专用记账凭证）；
2. 三栏式应交税费账页；
3. 一般纳税人增值税纳税申报表；
4. 地方税（费）综合申报表（见表11－35）；
5. 企业所得税预缴纳税申报表（见表11－36）。

**表 11－35**

## 城建税、教育费附加、地方教育附加税（费）申报表

填表日期：　　年　　月　　日

税款所属期限：自　　年　　月　　日至　　年　　月　　日　　　　　　　　金额单位：元至角分

纳税人识别号 □□□□□□□□□□□□□□□□□□□□□□□□

| | | | | | | | | | | |
|---|---|---|---|---|---|---|---|---|---|---|
| 纳税人信息 | 名称 | | | | | | □单位　□个人 | | | |
| | 登记注册类型 | | | | | 所属行业 | | | | |
| | 身份证件号码 | | | | | 联系方式 | | | | |
| 税（费）种 | 计税（费）依据 | | | | 税率（征收率） | 本期应纳税（费）额 | 本期减免税（费）额 | | 本期已缴税（费）额 | 本期应补（退）税（费）额 |
| | 增值税 | | 消费税 | 合计 | | | | | | |
| | 一般增值税 | 免抵税额 | | | | | 减免性质代码 | 减免额 | | |
| | 1 | 2 | 3 | 4＝1＋2＋3 | 5 | 6＝4×5 | 7 | 8 | 9 | 10＝6－8－9 |
| 城建税 | | | | | | | | | | |
| 教育费附加 | | | | | | | | | | |
| 地方教育附加 | | | | | | | | | | |
| — | | | | | | | | | | |
| 合计 | — | | | | — | | | | | |
| 以下由纳税人填写： | | | | | | | | | | |
| 纳税人声明 | 此纳税申报表是根据《中华人民共和国城市维护建设税暂行条例》、《国务院征收教育费附加的暂行规定》、《财政部关于统一地方教育附加政策有关问题的通知》和国家有关税收规定填报的，是真实的、可靠的、完整的。 | | | | | | | | | |
| 纳税人签章 | | | 代理人签章 | | | | 代理人身份证号 | | | |
| 以下由税务机关填写： | | | | | | | | | | |
| 受理人 | | | 受理日期 | 年　月　日 | | | 受理税务机关签章 | | | |

本表一式两份，一份纳税人留存，一份税务机关留存。

减免性质代码：减免性质代码按照国家税务总局制定下发的最新《减免性质及分类表》中的最细项减免性质代码填报。

**表 11－36**

## 中华人民共和国企业所得税月（季）度预缴纳税申报表（A 类）

税款所属期间：　　年　　月　　日至　　年　　月　　日

纳税人识别号：□□□□□□□□□□□□□□□□□□□□

纳税人名称：　　　　　　　　　　　　　　　　　　金额单位：人民币元（列至角分）

| 行次 | 项　　目 | 本期金额 | 累计金额 |
|---|---|---|---|
| 1 | 一、按照实际利润额预缴 | | |
| 2 | 营业收入 | | |
| 3 | 营业成本 | | |
| 4 | 利润总额 | | |
| 5 | 加：特定业务计算的应纳税所得额 | | |

续表

| 行次 | 项　　目 | | 本期金额 | 累计金额 |
|---|---|---|---|---|
| 6 | 减：不征税收入 | | | |
| 7 | 　　免税收入 | | | |
| 8 | 　　弥补以前年度亏损 | | | |
| 9 | 实际利润额（4 行 +5 行 -6 行 -7 行 -8 行） | | | |
| 10 | 税率（25%） | | | |
| 11 | 应纳所得税额 | | | |
| 12 | 减：减免所得税额 | | | |
| 13 | 减：实际已预缴所得税额 | | — | |
| 14 | 减：特定业务预缴（征）所得税额 | | | |
| 15 | 应补（退）所得税额（11 行 -12 行 -13 行 -14 行） | | — | |
| 16 | 减：以前年度多缴在本期抵缴所得税额 | | | |
| 17 | 本期实际应补（退）所得税额 | | — | |
| 18 | 二、按照上一纳税年度应纳税所得额平均额预缴 | | | |
| 19 | 上一纳税年度应纳税所得额 | | — | |
| 20 | 本月（季）应纳税所得额（19 行 ×1/4 或 1/12） | | | |
| 21 | 税率（25%） | | | |
| 22 | 本月（季）应纳所得税额（20 行 ×21 行） | | | |
| 23 | 三、按照税务机关确定的其他方法预缴 | | | |
| 24 | 本月（季）确定预缴的所得税额 | | | |
| 25 | 总分机构纳税人 | | | |
| 26 | 总机构 | 总机构应分摊所得税额（15 行或 22 行或 24 行 × 总机构应分摊预缴比例） | | |
| 27 | 总机构 | 财政集中分配所得税额 | | |
| 28 | 总机构 | 分支机构应分摊所得税额（15 行或 22 行或 24 行 × 分支机构应分摊比例） | | |
| 29 | 总机构 | 其中：总机构独立生产经营部门应分摊所得税额 | | |
| 30 | 总机构 | 　　　总机构已撤销分支机构应分摊所得税额 | | |
| 31 | 分支机构 | 分配比例 | | |
| 32 | 分支机构 | 分配所得税额 | | |

谨声明：此纳税申报表是根据《中华人民共和国企业所得税法》、《中华人民共和国企业所得税法实施条例》和国家有关税收规定填报的，是真实的、可靠的、完整的。

法定代表人（签字）：　　　　年　月　日

| 纳税人公章： | 代理申报中介机构公章： | 主管税务机关受理专用章： |
|---|---|---|
| 会计主管： | 经办人：　　经办人执业证件号码： | 受理人： |
| 填表日期：　　年　月　日 | 代理申报日期：　　年　月　日 | 受理日期：　　年　月　日 |